高等职业教育汽车运用与维修技术专业教材

工量具认知与使用

叶荣飞　唐道娟　主　编
赵昌涛　副主编

人民交通出版社股份有限公司
China Communications Press Co.,Ltd.

内 容 提 要

本书为高等职业教育汽车运用与维修技术专业教材之一。主要内容包括汽车维修工具和汽车维修量具两部分内容,共十八个项目,每个项目详细介绍了每一种工具或量具的结构、分类、用途及使用方法。本书是按理论与实践一体化的教学规律编排,有配套的学习页、工作页、实训指导手册等学习资源,具有较强实用性。

本书可作为高等职业院校汽车运用与维修技术专业教材,也可供汽车维修从业人员及相关技术人员参考使用。

图书在版编目(CIP)数据

工量具认知与使用/叶荣飞,唐道娟主编. —北京:人民交通出版社股份有限公司,2019.9
ISBN 978-7-114-15802-5

Ⅰ.①工… Ⅱ.①叶…②唐… Ⅲ.①汽车—车辆维修设备 Ⅳ.①U472.46

中国版本图书馆 CIP 数据核字(2019)第 189177 号

书　　名:	工量具认知与使用
著 作 者:	叶荣飞　唐道娟
责任编辑:	郭　跃
责任校对:	张　贺　宋佳时
责任印制:	张　凯
出版发行:	人民交通出版社股份有限公司
地　　址:	(100011)北京市朝阳区安定门外外馆斜街 3 号
网　　址:	http://www.ccpress.com.cn
销售电话:	(010)59757973
总 经 销:	人民交通出版社股份有限公司发行部
经　　销:	各地新华书店
印　　刷:	北京市密东印刷有限公司
开　　本:	787×1092　1/16
印　　张:	11.5
字　　数:	268 千
版　　次:	2019 年 9 月　第 1 版
印　　次:	2019 年 9 月　第 1 次印刷
书　　号:	ISBN 978-7-114-15802-5
定　　价:	29.00 元

(有印刷、装订质量问题的图书由本公司负责调换)

前言
FOREWORD

  高等职业教育是现代国民教育体系的重要组成部分，在实施科教兴国战略和人才强国战略中具有特殊的重要地位。党中央、国务院高度重视发展高等职业教育。改革开放以来特别是近几年来，汽车行业迅猛发展，产销量大幅增长，各职业院校根据市场需求相继开设了汽车运用与维修技术专业，选择适用的课程教材对于院校专业建设至关重要，本书是在院校各级领导的通力合作下，各位教师、技术专家的大力协助下编写而成。

  本书主要介绍汽车维修中常用的工具、量具的结构、用途认知及其选用、使用。注重培养学生的职业素养和实践能力，培养学生适应汽车维修岗位需要的专业能力及适应专业发展需要的关键职业能力。本书按理论与实践一体化的教学规律编排，有配套的学习页、工作页、实训指导手册等学习资源，并借鉴国际职业教育先进理念，突出"做中学、学中做"的职业教育特色。同时与专业通用基础教材相衔接，适用于汽车专业的学习。

  本书由云南交通运输职业学院（云南交通技师学院）叶荣飞、唐道娟、赵昌涛负责完成，曾明仙、杨鹏、张骥、罗洪忠也参与了本书的编写。

  本书可作为高等职业院校汽车运用与维修技术专业的教科书，也可以供汽修初学者参考使用。

  最后对所有支持编写的人致谢，对所引用的书籍的作者表示感谢。

  由于编者水平和经验有限，难免存在缺点和疏漏，恳请广大读者批评指正，交流探讨，以便修改补充。

编　者
2019 年 7 月

目 录
CONTENTS

项目一　工具的总体认知 …………………………………………………………… 1
项目二　扳手的认知与使用 ………………………………………………………… 14
项目三　套筒的认知与使用 ………………………………………………………… 25
项目四　套筒配合件的认知与使用 ………………………………………………… 35
项目五　钳子的认知与使用 ………………………………………………………… 48
项目六　螺丝刀的认知与使用 ……………………………………………………… 57
项目七　手锤及其他工具的认知与使用 …………………………………………… 65
项目八　拉压工具的认知与使用 …………………………………………………… 76
项目九　活塞及活塞环拆装工具的认知与使用 …………………………………… 81
项目十　量具的总体认知 …………………………………………………………… 87
项目十一　一般性尺类量具的认知与使用 ………………………………………… 98
项目十二　游标卡尺的认知与使用 ………………………………………………… 107
项目十三　外径千分尺的认知与使用 ……………………………………………… 116
项目十四　百分表及磁力表座的认知与使用 ……………………………………… 125
项目十五　量缸表的认知与使用 …………………………………………………… 136
项目十六　万用表的认知与使用 …………………………………………………… 145
项目十七　压力表的认知与使用 …………………………………………………… 157
项目十八　冰点测试仪及含水率测试仪的认知与使用 …………………………… 168
参考文献 ……………………………………………………………………………… 178

项目一　工具的总体认知

学习目标

完成本项目学习后,你应能:
1. 按照工具分类说出汽车维修中使用的常用工具;
2. 对照实物说出汽车维修常用工具的名称及用途;
3. 依据工具的维护保管方法正确地存放工具。

建议学时
2学时。

工具对汽车维修而言很重要,但很多维修技术人员对工具不太重视,维修时若选用不正确的工具,不熟悉工具的正确使用方法,使用工具不规范,最终会导致不能顺利完成维修工作,或者损坏零部件、工具。使用不当还会发生损伤人身的安全事故。因此,对于汽车维修人员,熟悉及掌握各种工具的用途及使用方法,是完成汽车维修工作的重要保障。

一、工具概述

(一) 工具分类

1. 按使用范围分类

汽车维修工具按使用范围可分为通用工具、专用工具、钳工工具。

2. 按用途分类

汽车维修工具按用途可分为螺栓螺母松紧,零部件或总成撬动、夹持、取摄、敲击、錾削、冲压、清洁等类别。

(二) 工具应用

1. 通用工具

汽车维修通用工具包括套筒及配套工具、扳手、钳子、螺丝刀、电动及气动工具等,如图1-1所示,通用工具主要应用于汽车维修中基本的拆卸和装配。

2. 钳工工具

钳工工具主要用于手工加工各种零件,装配各种部件、组合件,维修各种机械设备,制作各种工具、量具、夹具、模具及一些专用设备等。钳工工具主要有手锤、锉刀、錾子、冲子、锯等。

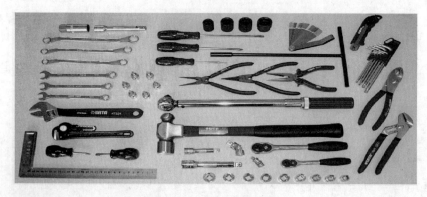

图1-1 汽车维修通用工具

3.专用工具

在汽车维修的过程中,有很多零件及螺栓螺母通过普通工具无法进行拆装,这就需要专用工具。专用工具是针对某些特殊零件或特殊部位的拆装而设计研发的,如活塞环压缩器、气门弹簧压缩钳、机油滤清器专用扳手、减振弹簧压缩器等。

4.其他工具

汽车维修使用的工具除通用工具、钳工工具、专用工具外还包含有螺栓螺母松紧,零部件或总成撬动、夹持、取摄、敲击、錾削、冲压、清洁等工具。

螺栓螺母松紧工具用于拧松及拧紧各种螺栓和螺母,是用来拆卸及装配汽车上各部件的最主要工具,常见的有套筒及配套工具、扳手、螺丝刀等。

撬动工具用于撬动一些配合过紧的部件,如撬棍。

夹持工具用于夹持或固定零部件,如各类钳子。

取摄工具用于夹取手不方便或不易操作的零件,如镊子、吸棒等。

敲击工具用于敲击工件,使工件变形,产生位移、振动,从而达到校正、整形等目的,如手锤。

錾削工具一般有錾子,用途为锤子锤击錾子对金属进行切削加工。

锉削工具一般有锉刀,用来对工件表面进行切削加工,使其尺寸、形状、位置和表面粗糙度都达到要求。

冲压工具一般有冲子,主要用来冲出铆钉和销子,也可用来标示钻孔的位置及标注记号等。

二、常用工具用途及使用

汽车维修工具种类较多,其用途、结构和使用方法各不相同,在汽车维修过程中,有的工具使用频率很高,有的工具使用相对较少,本项目将介绍汽车维修中常用的一些工具。

(一)通用工具

1.套筒

套筒是套筒扳手的简称,拧紧或卸松螺栓的一种专用工具,使用套筒扳手不损坏螺栓和螺母的棱角。套筒扳手是拆卸螺栓和螺母最方便、灵活且安全的工具，如图1-2所示。

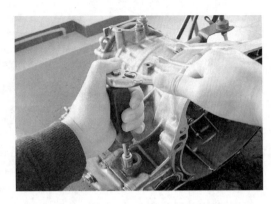

图1-2　套筒

需要根据工作空间大小、拧紧力矩要求和螺栓或螺母的尺寸来选用合适的套筒。套筒呈短管状，一端内部呈六角形或十二角形，用来套住螺栓或螺母六角形端部；另一端有一个正方形的头孔，用来与配套手柄的方榫配合。

2. 套筒配套工具

根据工作空间大小、拧紧力矩要求等因素，选择套筒配套工具。与套筒配合使用的工具有很多种，包括扭力扳手、棘轮手柄、滑杆、旋转手柄、快速摇杆、L形手柄、旋柄、接杆、可弯式接头、万向接头、套筒转换接头、三用接头等，如图1-3所示。

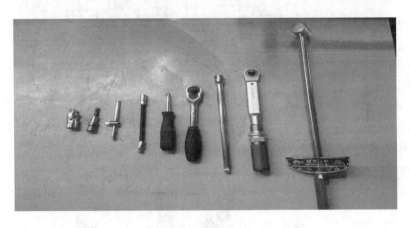

图1-3　套筒配套工具

3. 扳手

扳手是汽车维修中最常用的一种工具，主要用于旋转螺栓、螺母或带有螺纹的零件。如果扳手选用不当或使用不当，不但会造成工件和扳手损坏，还可能引发危及人身安全的事故。因此，正确地选用和使用扳手显得尤为重要。

扳手种类繁多，常见的有梅花扳手、开口扳手、组合扳手、活动扳手等，如图1-4所示。在拆卸螺栓时，应按照"先套筒扳手，后梅花扳手，再开口扳手，最后活动扳手"的选用原则进行选取。

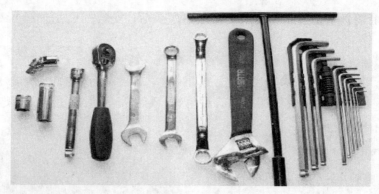

图1-4 扳手

4. 钳子

钳子用于弯曲小的金属材料,夹持扁形或圆形零件,切断软的金属丝等。在汽车维修中,常用的钳子类型有钢丝钳、鲤鱼钳、尖嘴钳、斜口钳、水泵钳、卡簧钳、大力钳、管钳等,如图1-5所示。

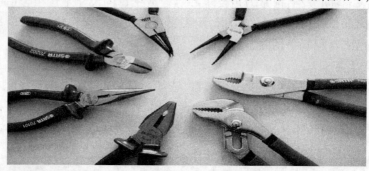

图1-5 钳子

应根据在汽车维修中所要达到的不同目的、拧紧力矩及工作空间的大小等因素来选用不同种类的钳子。

5. 螺丝刀

螺丝刀俗称改锥或起子,主要用于旋拧小力矩、头部开有凹槽的螺栓和螺钉。螺丝刀的类型取决于本身的结构及尖部的形状,常用的有一字螺丝刀、十字螺丝刀。一字螺丝刀用于单个槽头的螺钉,十字螺丝刀用于带十字槽头的螺钉,如图1-6所示。

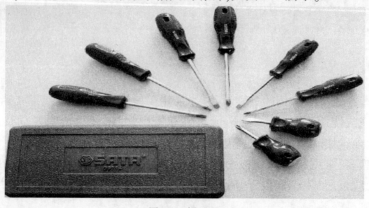

图1-6 螺丝刀

选用螺丝刀时,应先保证螺丝刀头部的尺寸与螺钉的槽部形状完全配合,选用不当会严重损坏螺丝刀。

6. 电动工具和气动工具

在汽车维修工作中,仅靠手工工具是不够的,这时就会用到很多电动工具及气动工具。汽车维修中常见的电动工具及气动工具有手电钻、砂轮机、气动扳手、气动棘轮扳手等,如图1-7所示。

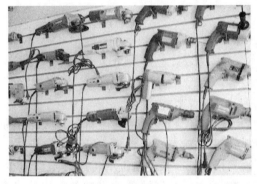
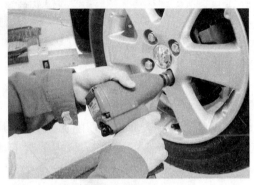

a)电动工具　　　　　　　　　　　　b)气动工具

图1-7　电动工具及气动工具

7. 拔拉器

拔拉器也称拉卸器或扒马,俗称扒子,主要用于汽车维修中静配合副和轴承部位的拆装,常见的拔拉器有两爪和三爪两种类型,如图1-8所示。

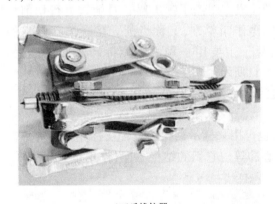

a)三爪拔拉器　　　　　　　　　　　　b)两爪拔拉器

图1-8　拔拉器

(二) 钳工工具

1. 锤子

锤子也称榔头或手锤,属于锤击类工具。主要用于锤击錾子、冲子等工具或用来敲击工件,使工件变形,产生位移、振动,从而达到校正、整形等目的。

锤子按锤头形状不同可分为圆头锤、方锤、钣金锤等,按锤头材料不同可分为铁锤、软面锤(木锤、橡胶锤、塑料锤)等,如图1-9所示。

a) 铁锤

b) 软面锤

图1-9 锤子

2. 锉刀

锉削是对工件表面进行切削加工，使其尺寸、形状、位置和表面粗糙度都达到要求的加工方法。锉刀是锉削的主要工具，由碳素工具钢制成，其主要部分是锉面上特制的锉齿纹。

锉刀按10mm长度范围内齿纹条数的多少，可分为粗锉、中锉、细锉和油光锉等。齿纹条数越多，则齿纹越细，如图1-10所示。

3. 錾子

錾子是錾削用到的主要工具，它配合手锤一起使用，一般由工具钢锻制，其刃部经刃磨和热处理而成。用锤子锤击錾子对金属进行切削加工的操作叫錾削，又称齿削。在汽车维修工作中，錾子主要用于剔下不能拆卸的旧螺栓，如图1-11所示。

图1-10 锉刀

常见的錾子有扁錾、狭錾、油槽錾和扁冲錾等。

4. 冲子

冲子俗称冲头，主要用来冲出铆钉和销子，也可用来标示钻孔的位置及标注记号等。常见的冲子类型有中心冲、销冲、数字号码冲、空心冲等。它们的结构不同，作用也大不一样，如图1-12所示。

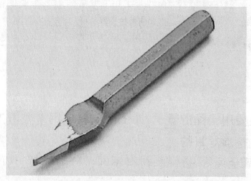

图1-11 錾子

图1-12 冲子

(三)专用工具

1. 活塞环装卸钳

活塞环装卸钳主要用于从活塞环槽中取出或装入活塞环。活塞环镶放在活塞环槽内,如果想取出或装入,必须克服活塞环的弹力,使活塞环内径要大于活塞直径,才能正常取出,如图1-13所示。

图1-13 活塞环装卸钳

2. 活塞环压缩器

如果想将活塞及活塞环装入汽缸,必须将活塞环包紧在活塞环槽内,因为活塞环本身具有弹性,活塞环在自由状态下的外圆直径将大于活塞直径及汽缸直径,如图1-14所示。

 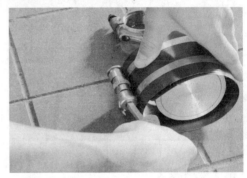

图1-14 活塞环压缩器

3. 气门弹簧钳

气门弹簧钳是专门用于拆装气门的专用工具。在安装发动机气门时,气门弹簧处于预压缩状态,要想拆卸气门或气门锁片,必须对气门弹簧进行压缩,如图1-15所示。

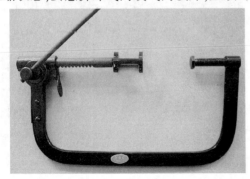 

图1-15 气门弹簧钳

4. 减振器弹簧压缩器

减振器在装配时,向减振弹簧施加了很大的压缩力。要想更换减振阻尼器,必须拆卸减振器弹簧,但拆卸减振器弹簧则必须使用减振器弹簧压缩器对弹簧进行压缩,如图1-16所示。

图1-16 减振器弹簧压缩器

5. 机油滤清器扳手

常见的一次性机油滤清器直径都在8cm以上,顶部被冲压成多棱面(就像一个大螺母),如要拆装需使用专用机油滤清器扳手,如图1-17所示。

图1-17 机油滤清器扳手

6. 火花塞套筒

火花塞套筒专用于火花塞的拆卸及更换,可视为长套筒的一种变形形式,采用薄壁结构以避免与其他部件干涉。套筒内部装有磁铁或橡胶圈,因为大多数火花塞都是朝下布置的,必须从火花塞孔深处朝上取出,所以使用橡胶圈或磁铁来防止火花塞掉落,如图1-18所示。

图1-18 火花塞套筒

三、工具的维护与保管

工具使用完毕后一般要存放在工具箱或工具车中,特别是套筒、扳手、螺丝刀、钳子、锤子等易丢失的手工工具,如图1-19所示。专用工具一般有专门的放置盒,如图1-17所示。

工具使用完毕后存放前,必须进行清洁,防止使用时沾到工具上的油污腐蚀或损坏工具,同时必须放置在规定的区域及对应的格子中,以方便清点及检查工具,保证工具使用完毕后无损坏、无遗失。

(一)工具车

工具车能保存更多的工具,并能更好地将工具分类存放,适用于维修车间。工具车多数带有抽屉,适用于汽车维修常用工具在车间中的存放管理,使工具存取工作真正做到准时、准确、高效、低耗,工具车一般配以组套工具。工具车顶部设有工作台,操作时可在其工作台上临时放置工具,相当方便,顶部的工作台是临时放置工具用的,而不是供拆装零件使用的,如图1-19所示。

工具车装有优质轴承和导轨,保证抽屉承受额定载荷时亦能轻松顺畅开合;一般配置有防油胶垫的顶框,保护放置物品不受损害以及防止物品滑落;锁具先进,只用一把锁就能锁上所有的抽屉,保证物品安全;柜体底部配有垫脚,保护柜体在放置或移动时不受损坏。

有些多用途工具车的作用不是保存工具,而是把大量工具、零件或材料从供料区运送到工作区,如图1-20所示。

图1-19 工具车

图1-20 工具、零件车

(二)工具箱

常见的工具箱多为手提式,适合于野外作业。现在常见的手提式工具箱有金属制和树脂制两类,材料不同,结构也有很大区别。树脂制工具箱不能盛放较重的工具,但其质量轻,便于整理,工具是否缺少、是否损坏,一目了然。金属制工具箱多采用抽屉式、托盘式或翻斗式,长期使用也很难损坏,但质量大,放在车内时,容易损伤汽车内饰,如图1-21所示。

a)树脂制工具箱　　　　　　　　　　b)金属制工具箱

图1-21　工具箱

思考与练习

一、填空题

1. 汽车维修工具按使用范围可分为_____、_____、_____。
2. 钳工工具主要有_____、_____、錾子、_____、锯等。
3. _____是针对某些特殊零件或特殊部位的拆装而设计研发的,如活塞环压缩器、_____、_____、_____、减振弹簧压缩器等。
4. 汽车维修工具按用途分为螺栓螺母松紧、_____、_____、取摄、_____、錾削、冲压、清洁等类别。
5. 在汽车维修中,常用的钳子类型有钢丝钳、_____、_____、斜口钳、水泵钳、_____、大力钳、管钳等。
6. 常用的螺丝刀有_____螺丝刀、_____螺丝刀。
7. 汽车维修通用工具包括_____、_____、_____、螺丝刀、电动及气动工具等。
8. _____也称榔头或手锤,属于锤击类工具。主要用于锤击_____、冲子等工具或用来_____工件,使工件变形、产生位移、振动,从而达到校正、整形等目的。
9. _____是锉削的主要工具,由碳素工具钢制成,主要部分是锉面上特制的_____。
10. 活塞环装卸钳主要用于从活塞环槽中取出或装入_____。
11. _____用于将活塞及活塞环装入汽缸。
12. 机油滤清器扳手用于_____。
13. 气门弹簧钳是专门用于拆装_____的专用工具。
14. 工具使用完毕后存放于工具车上时,必须放置在规定的区域及对应的格子中,以方便_____及检查工具,保证工具使用完毕后无_____、无_____。

二、判断题

1. 活塞环压缩器、机油滤清器专用扳手属于钳工工具。　　　　　　　　　　（　　）
2. 套筒呈短管状,一端内部呈六角形或十二角形,用来与配套手柄的方榫配合；另一端

有一个正方形的头孔,该头孔用来套住螺栓或螺母六方形端部。（   ）

3. 套筒扳手是拆卸螺栓最方便、灵活且安全的工具。（   ）
4. 选用螺丝刀时,应先保证螺丝刀头部的尺寸与螺钉的槽部形状完全配合,选用不当会严重损坏螺丝刀。（   ）
5. 扳手俗称改锥或起子,主要用于旋拧小力矩、头部开有凹槽的螺栓和螺钉。（   ）
6. 冲子俗称冲头,主要用来冲出铆钉和销子。（   ）
7. 选用不正确的工具或使用工具不规范,也不会导致零部件或工具损坏。（   ）
8. 套筒及配套工具、扳手、钳子、螺丝刀属于专用工具。（   ）
9. 钳工的主要任务是:手工加工各种零件,装配各种部件、组合件,维修各种机械设备,制作各种工具、量具、夹具、模具及一些专用设备等。（   ）
10. 螺栓螺母松紧工具用于拧松及拧紧各种螺栓和螺母,是用来拆卸及装配汽车上各部件的最主要工具。（   ）
11. 锉刀按10mm长度范围内齿纹条数的多少,分为粗锉、中锉、细锉和油光锉等。（   ）
12. 将活塞及活塞环装入汽缸不需要用专用工具。（   ）
13. 随车放在车里的工具箱一般使用金属制工具箱。（   ）
14. 工具使用完毕后直接存放于工具车或工具箱不需要进行清洁。（   ）
15. 工具车一般只用一把锁就能锁上所有的抽屉,保证物品安全。（   ）

三、综合题

1. 以下工具中属于套筒配套工具的是:

扭力扳手□　　棘轮扳手□　　扳手□　　快速摇杆□

钳子□　　螺丝刀□　　连杆□　　万向接头□

滑脂枪□　　旋柄□

2. 写出下图中至少3种工具的名称及用途。

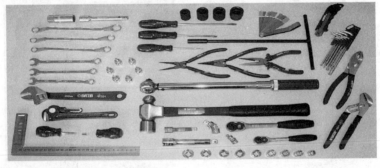

四、请写出下列图中各种工具的名称

名称：_____　　　　名称：_____

工量具认知与使用

名称：_____

名称：_____

名称：_____

名称：_____

名称：_____

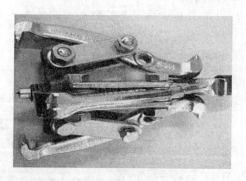

名称：_____

名称：_____

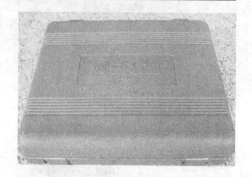

名称：_____

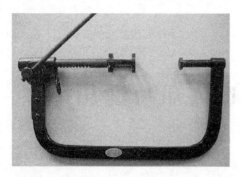

名称：_____

名称：_____

名称：_____

名称：_____

五、简答题

1. 简述工具选择及正确使用的重要性。

2. 简述如何维护与保管工具。

3. 汽车维修工具按用途分为哪些类别？

项目二 扳手的认知与使用

学习目标

完成本项目学习后,你应能:
1. 对照实物说出各类扳手的名称、规格尺寸及用途;
2. 根据扳手的选用原则正确选用各类扳手;
3. 依据扳手的使用方法及注意事项正确地使用各类扳手。

建议学时
2学时。

一、扳手概述

(一) 作用

扳手是汽车维修中最常用的一种工具,主要用于旋转螺栓、螺母或带有螺纹的零件。如果扳手选用不当或使用不当,不但会造成工件和扳手损坏,还可能引发危及人身安全的事故。因此,正确地选用和使用扳手显得尤为重要。

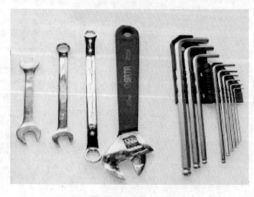

图2-1 扳手的种类

(二) 种类

扳手种类繁多,除套筒扳手外,常见的扳手有梅花扳手、开口扳手、组合扳手、活动扳手等,如图2-1所示。

(三) 扳手的规格尺寸

目前常见的工具都有公制、英制两种尺寸单位。公制扳手用毫米(mm)标示,一套公制扳手的尺寸范围为6~32mm,以1mm、2mm或3mm为一级,如图2-2所示。

英制扳手采用分数形式的英寸(in)来标示,一套英制扳手的尺寸范围一般为1/4~1in,以1/16in为一级,如图2-3所示。

公制与英制之间的单位换算公式为:1mm = 0.03937in。

图 2-2 公制扳手

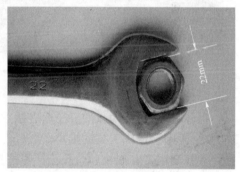

图 2-3 英制扳手

(四)选用原则

在拆卸螺栓时,应按照"先套筒扳手,后梅花扳手,再开口扳手,最后活动扳手"的选用原则进行选取。

在选用扳手时,要注意扳手的尺寸,尺寸是指它所能拧动的螺栓或螺母六方形端部正对面间的距离。如扳手上标示规格尺寸为22mm,即此扳手所能拧动螺栓或螺母六方形端部正对面间的距离为22mm,如图2-4所示。

扳手的选用还要依据紧固件的拧紧力矩,以及扳手是否容易接近螺栓螺母来判断。

(五)注意事项

在使用各类扳手或其他转动工具时,用力方向应朝向自己,防止滑脱造成手部受伤,但如果由于空间限制无法拉动工具,可用手掌推动。

图 2-4 扳手的选用尺寸

二、常用扳手的使用

(一)梅花扳手

1.结构特点

梅花扳手两端呈花环状,其内孔是由2个正六边形相互同心错开30°而制成。

很多梅花扳手都有弯头,常见的弯头角度在10°~45°之间,从侧面看旋转螺栓部分和手柄部分是错开的。这种结构便于拆卸装配在凹陷空间的螺栓、螺母,并可以为手指提供操作间隙,以防止擦伤,如图2-5所示。

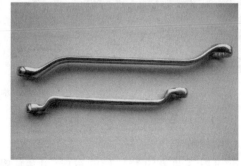

图 2-5 梅花扳手

2. 使用方法

在使用梅花扳手时，左手推住梅花扳手与螺栓连接处，保持梅花扳手与螺栓完全配合，防止滑脱，右手握住梅花扳手另一端并加力。扳手转动30°后，就可更换位置，特别适用于拆装处于空间狭小位置的螺栓、螺母，如图2-6所示。

梅花扳手可将螺栓、螺母的头部全部围住，因此，不会损坏螺栓角，可以施加大力矩。使用扳手时，一定要确保扳手及螺栓尺寸和形状完全配合，否则，会因打滑造成螺栓损坏，甚至会造成人身伤害，如图2-7所示。

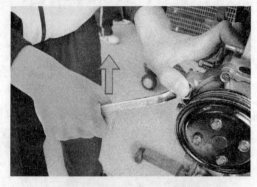

图2-6 梅花扳手的使用方法

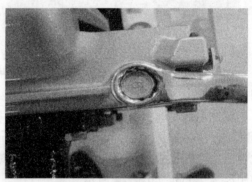

图2-7 梅花扳手的尺寸配合

3. 使用注意事项

扳转时，严禁将加长的管子套在扳手上以延伸扳手的长度增加力矩，严禁锤击扳手以增加力矩，否则会造成工具的损坏。

严禁使用带有裂纹和内孔已严重磨损的梅花扳手。

（二）梅花棘轮扳手

梅花棘轮扳手也称为梅花快扳，它是普通梅花扳手的改进产品，它在梅花扳手的花环部增加了棘轮装置。梅花棘轮扳手可代替传统的棘轮扳手加套筒，更加适合在狭窄空间工作，如图2-8所示。

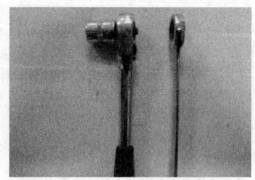

图2-8 梅花棘轮扳手

（三）开口扳手

1. 结构特点

开口扳手两头均为U形的钳口，可套住螺栓或螺母六角形端部的两个对向面，如图2-9

所示。开口扳手主要适用于无法使用套筒扳手和梅花扳手操作的位置。因为拆装有些螺栓或螺母时必须从横侧插入,此时开口扳手可以做到,而梅花扳手则不行。

开口扳手的钳口与手柄存在一定的角度,这样可以通过反转开口扳手来增加适用空间。

2. 选用及使用方法

选择开口扳手时,要根据螺栓头部的尺寸来确定合适的型号,并确保钳口的直径与螺栓头部直径相符,配合无间隙,然后才能进行操作,如图2-10所示。

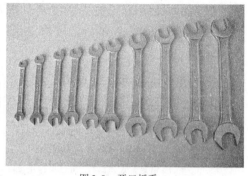

图2-9 开口扳手

使用开口扳手时,先将开口扳手套住螺栓或螺母六角形端部的两个对向面,确保扳手与螺栓完全配合后才能施力。施力时,一只手推住开口扳手与螺栓连接处,并确保扳手与螺栓完全配合后,另一只手大拇指抵住扳头,另外四指握紧扳手柄部往身边拉扳。当螺栓、螺母被扳转到极限位置后,将扳手取出并重复前面的操作,如图2-11所示。

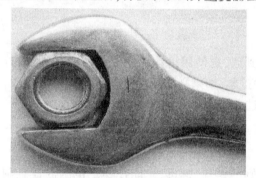 

图2-10 开口扳手的选用　　　　　图2-11 开口扳手的使用

3. 使用注意事项

禁止使用开口扳手拆卸大力矩螺栓,并且使用开口扳手时放置的位置不能太高或只夹住螺母头部的一小部分,否则,会在紧固或拆卸过程中造成打滑,从而损坏螺栓、螺母或扳手,甚至会造成使用者受伤。

扳转时禁止在开口扳手上加套管或捶击,以免损坏扳手或损伤螺栓螺母。禁止将开口扳手当撬棒使用,这样会损坏工具,如图2-12所示。

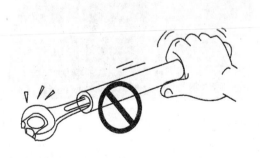 

图2-12 开口扳手的使用注意事项

长期错误使用开口扳手会使钳口张开,磨损处变圆或开裂,禁止继续使用此类开口扳手,否则,会损坏螺栓、螺母的棱角,如图2-13所示。

（四）两用扳手

两用扳手也称组合扳手,是把梅花扳手和开口扳手组合在一起,一端为梅花端,另一端为开口端,这种组合扳手使用起来十分方便,如图2-14所示。

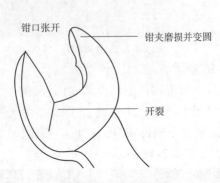

图2-13　扳手损坏形式

图2-14　两用扳手

在紧固过程中,可先使用开口端把螺栓旋到底,再使用梅花端完成最后的紧固,而拧松时则先使用梅花端。不可使用开口端作最后的拧紧,如果必须使用开口扳手作最后拧紧,要完全按照螺栓或螺母拧紧力矩要求,不能用力过大,否则,会导致螺栓棱角损坏。

（五）活动扳手

1. 结构特点

活动扳手也叫可调扳手,适用于尺寸不规则的螺栓、螺母,它能在一定范围内任意调节开口尺寸。一个可调扳手可用来代替多个开口扳手。

活动扳手由固定钳口和可调钳口两部分组成,扳手的开度大小通过调节螺杆进行调整,如图2-15所示。

图2-15　活动扳手

2. 使用方法

使用活动扳手时应先将活动扳手调整合适,使活动扳手钳口与螺栓、螺母六角形端部两对面边完全贴紧,不应存在间隙。使用时,要使活动扳手的可调钳口部分受推力,固定钳口受拉力,只有这样施力,才能保证螺栓、螺母及扳手本身不被损坏,如图 2-16 所示。

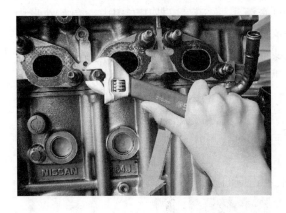
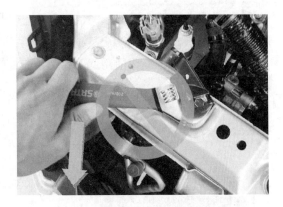

图 2-16 活动扳手使用方法

3. 使用注意事项

(1) 使用时,严禁在扳手上随意加装套管或锤击活动扳手。
(2) 禁止将活动扳手当作锤子来使用,这样会使活动扳手损坏。
(3) 不要使用活动扳手来完成大力矩螺栓、螺母的紧固或拧松,由于活动扳手的钳口不固定,在进行大力矩紧固时会损坏螺栓棱角。

三、专用扳手的使用

(一) 油管拆卸专用扳手

油管拆卸专用扳手是维修制动液管路时的必备工具,它是介于梅花扳手与开口扳手之间的一种扳手。根据油管拆卸专用扳手的结构和功能,与其说它是开口扳手,还不如说是梅花扳手的变形形式更恰当一些。它既能像梅花扳手一样保护螺栓的棱角,又能像开口扳手一样从侧面插入,实施旋拧,但不能实施大力矩紧固,如图 2-17 所示。

图 2-17 油管拆卸专用扳手

图2-18 内六角扳手

(二)内六角扳手

拆卸内六角和花形内六角螺栓时,除可使用旋具套筒头外,还可以使用专用内六角和花形内六角扳手,此类扳手多为L形,长端的尾部设计成球形,有利于内六角扳手从不同角度操作,便于狭小角度空间使用,如图2-18所示。

使用L形的内六角扳手和花形内六角扳手时,手持长端,可进行拧松或紧固。手持内六角扳手的短端,可用于快速旋拧螺栓,如图2-19所示。

在使用内六角扳手时,应选取与螺栓内六方孔相适应的扳手,并且严禁使用任何加长装置。

图2-19 内六角扳手的使用

(三)机油滤清器扳手

常见的一次性机油滤清器直径都在8cm以上,顶部被冲压成多棱面(就像一个大螺母),如要拆装需使用专用的机油滤清器扳手。

常见的机油滤清器扳手类型很多,结构各异,但作用相同,使用操作方法也基本相似。

1. 杯式滤清器扳手

杯式滤清器扳手类同一个大型套筒,拆卸不同车型的滤清器需要不同尺寸的扳手,在购买时多为组套形式配装。使用时将杯式滤清器扳手套在机油滤清器顶部的多棱面上,使用方法同套筒扳手,如图2-20所示。

图2-20 杯式滤清器扳手

2. 钳式滤清器扳手

钳式滤清器扳手是另外一种滤清器专用扳手,这种滤清器扳手可以说是钳子的改型产品,使用方法同鲤鱼钳,如图 2-21 所示。

3. 环形滤清器扳手

环形滤清器扳手结构为一个可调大小的环形,环形内侧设计为锯齿状。使用时将其套在滤清器顶部的棱面上,扳动手柄,扳手的环形会根据滤清器大小合适地卡在棱面上,顺利地完成拆装工作,如图 2-22 所示。

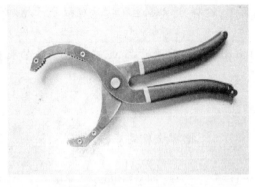

图 2-21　钳式滤清器扳手

图 2-22　环形滤清器扳手

4. 三爪式滤清器扳手

三爪式滤清器扳手需配套套筒手柄或扳手使用,其内部设计有行星排传递机构,可根据机油滤清器大小自动调节三爪的大小,如图 2-23 所示。

5. 链条扳手

在没有专用滤清器扳手的情况下,还可使用链条扳手替代专用扳手,达到拆装机油滤清器的目的,如图 2-24 所示。

图 2-23　三爪式滤清器扳手

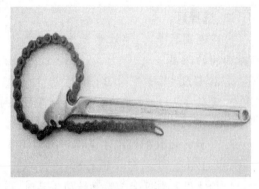

图 2-24　链条扳手

思考与练习

一、填空题

1. 扳手是汽车维修中最常用的一种工具,主要用于扭转_____、_____或_____的零件。

2. 目前常见的工具都有_____、_____两种尺寸单位。公制扳手用_____标示，一套公制扳手的尺寸范围一般为_____mm，以1mm、2mm或3mm为一级。

3. 公制与英制之间的单位换算公式为：_____mm＝0.03937in。

4. 扳手种类繁多，常见的有_____、_____、_____、_____等。

5. 在使用各类扳手或其他转动工具时，用力方向应_____自己，防止滑脱造成手部受伤，但如果由于空间限制无法拉动工具，可用_____推动。

6. 梅花扳手两端呈花环状，其内孔是由2个_____形相互同心错开30°而成。

7. 开口扳手的钳口与_____存在一定的角度，这样可以通过反转开口扳手来增加适用空间。

8. 梅花棘轮扳手也称为_____，它是普通梅花扳手的改进产品，它在梅花扳手的花环部增加了_____。

9. 使用扳手时，一定要确保扳手及螺栓_____和_____完全配合，否则，会因打滑造成螺栓损坏，甚至会造成人身伤害。

10. 在用两用扳手紧固螺栓过程中，先使用_____把螺栓旋到底，再使用_____完成最后的紧固，而拧松时则先使用_____。

11. 使用活动扳手时，要使活动扳手的可调钳口受_____，固定钳口受_____，只有这样施力，才能保证螺栓、螺母及扳手本身不被损坏。

12. 活动扳手也叫_____，适用于尺寸_____的螺栓螺母，它能在一定范围内任意调节_____。

13. 拆卸内六角和花形内六角螺栓时，除旋具套筒头外，还可以使用专用_____和花形内六角扳手，此类扳手多为_____形。

14. 常见的机油滤清器扳有_____、_____、_____、_____、_____等类型。

二、选择题

1. 在选用扳手时，要注意扳手的尺寸，(   )是指它所能拧动的螺栓或螺母六角形端部正对面间的距离。
   A. 长度　　　B. 高度　　　C. 尺寸　　　D. 垂直度

2. 现在常见的工具都有公制、英制两种尺寸单位。英制扳手采用分数形式的(   )来标示。
   A. 英尺　　　B. 厘米　　　C. 英寸　　　D. 毫米

3. 一套英制扳手的尺寸范围一般为1/4～1in，以(   )in为一级。
   A. 1/4　　　B. 1/8　　　C. 1/16　　　D. 1/32

4. 在使用各类扳手或其他转动工具时，用力方向应(   )自己，防止滑脱造成手部受伤。
   A. 朝向　　　B. 背向　　　C. 远离　　　D. 靠近

5. 油管拆卸专用扳手既能像(   )一样保护螺栓的棱角，又能像(   )一样从侧面插入，实施旋拧，但不能实施大力矩紧固。
   A. 开口扳手、活动扳手　　　B. 两用扳手、梅花扳手
   C. 梅花扳手、开口扳手　　　D. 两用扳手、开口扳手

6. 梅花扳手两端呈花环状，其内孔是由2个正六边形相互同心错开(   )而成。

A. 15°　　　　　B. 20°　　　　　C. 25°　　　　　D. 30°

7. 在使用梅花扳手时,(　　)推住梅花扳手与螺栓连接处,保持梅花扳手与螺栓完全配合,防止滑脱,(　　)握住梅花扳手另一端并加力。

A. 右手;左手　　B. 左手;右手　　C. 右手;右手　　D. 左手;左手

三、判断题

1. 禁止使用开口扳手拆卸大力矩螺栓或螺母,并且使用开口扳手时放置的位置不能太高或只夹住螺栓、螺母头部的一小部分,否则,会在紧固或拆卸过程中造成打滑,从而损坏螺栓、螺母或扳手,甚至会造成使用者受伤。　　　　　　　　　　　　　　　(　　)

2. 扳转时可以根据需要在开口扳手上加套管,以增大拧紧力矩。　　　(　　)

3. 可以根据需要将开口扳手当撬棒使用。　　　　　　　　　　　　(　　)

4. 长期错误使用开口扳手会使钳口张开,磨损处变圆或开裂,禁止继续使用此类的扳手,否则,会损坏螺栓、螺母的棱角。　　　　　　　　　　　　　　(　　)

5. 一个可调扳手可用来代替多个开口扳手。　　　　　　　　　　　(　　)

6. 可以使用活动扳手来完成大力矩螺栓的紧固或拧松。　　　　　　(　　)

7. 选择开口扳手时,不需要根据螺栓头部的尺寸来确定合适的型号,并确保钳口的直径与螺栓头部直径相符,配合无间隙,然后才能进行操作。　　　　　(　　)

8. 使用活动扳手时应先将活动扳手调整合适,活动扳手钳口与螺栓、螺母六角形端部两对面边不必完全贴紧,可以存在间隙。　　　　　　　　　　　　　(　　)

四、请写出下列图中各种扳手的名称及用途

名称：_____　　用途：_____

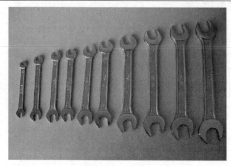

名称：_____　　用途：_____

名称：_____ 用途：_____

五、简答题

1. 扳手的作用是什么？常见扳手的种类有哪些？在使用扳手时，应注意的使用原则是什么？

2. 请写出梅花扳手的使用方法及注意事项。

3. 请写出活动扳手的结构特点和使用方法。

4. 请写出内六角扳手的结构特点和使用方法。

项目三　套筒的认知与使用

学习目标

完成本项目学习后,你应能:
1. 对照实物说出套筒的类型、规格尺寸;
2. 根据实际需要正确选用套筒;
3. 正确使用套筒。

建议学时

2 学时。

一、概述

(一)套筒的作用及结构

套筒是套筒扳手的简称,是拧紧或卸松螺栓或螺母的一种专用工具。套筒呈短管状,标准套筒一端内部呈六角形或十二角形,用来套住螺栓或螺母六角形端部,另一端有一个正方形的头孔,该头孔用来与配套手柄的方榫配合,如图 3-1 所示。套筒是拆卸螺栓或螺母最方便、灵活且安全的工具。使用套筒不易损坏螺栓螺母的棱角。

图 3-1　套筒的结构

(二)套筒的规格尺寸

1. 套筒的规格

按所拆卸螺栓的拧紧力矩和使用的工作环境不同,可将套筒分为大、中、小 3 个系列,并以配套手柄方榫的宽度来区分,常见的有 6.3mm 系列、9.5mm 系列和 12.5mm 系列,如使用英寸表示,则对应为 1/4in 系列、3/8in 系列和 1/2in 系列,如图 3-2 所示。

工量具认知与使用

图 3-2 套筒的规格

2. 套筒的尺寸

不同系列套筒有不同的尺寸范围，6.3mm 系列套筒的基本尺寸范围为 3.5～14mm，9.5mm 系列套筒的基本尺寸范围为 8～24mm，12.5mm 系列套筒的基本尺寸范围为 8～32mm，如图 3-3 及表 3-1 所示。

图 3-3 套筒的尺寸

各系列套筒尺寸　　　　　　　　表 3-1

型号(方榫尺寸)	正方形头孔尺寸(mm)	套筒尺寸(mm)						
小号 6.3mm 系列	6.5	3.5	4	4.5	5	5.5	6	7
		8	9	10	11	12	13	14
中号 9.5mm 系列	10	8	9	10	11	12	13	14	15
		16	17	18	19	21	22	24
大号 12.5mm 系列	13	8	9	10	11	12	13	14	15
		16	17	18	19	20	21	22	23
		24	27	30	32			

(三) 套筒的选用原则

选用套筒时应根据工作空间大小、紧固力矩要求和螺栓螺母的形状尺寸来选用合适的套筒头。

不能选用规格过小的套筒,否则,可能导致套筒损坏,也不能选用规格过大的套筒,否则,可能导致螺栓螺母损坏。应根据螺栓螺母的具体形状选择相应类型的套筒。套筒尺寸不能小于螺栓螺母六角形端部两相对面间尺寸,也不能大于该尺寸,尺寸偏大会造成打滑并导致套筒或螺栓损坏,必须保证套筒尺寸与螺栓螺母六角形端部两相对面间尺寸一致。

二、套筒的类型

除常见的标准套筒外,还有很多特殊套筒,如内六角长套筒、内六角或内十二角花形套筒、风动套筒、旋具套筒等。如要拆卸头部制成特殊形状的螺栓、螺母,就必须采用专用套筒进行拆卸,如图3-4所示。

(一)内六角长套筒

内六角长套筒的深度是标准套筒深度的2~3倍,是汽车维修工作中最常用的改型套筒之一,如图3-5所示。

图3-4 套筒的类型

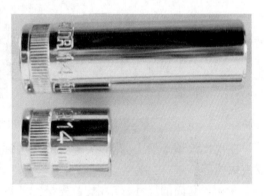

图3-5 长套筒与标准套筒

(二)风动扳手套筒

风动扳手套筒专门配套气动冲击扳手使用,如使用普通套筒,气动冲击扳手在工作时会产生瞬间强力冲击,可能会损坏套筒。风动扳手套筒使用特殊铬合金钢制作,并且在制作工艺上加大壁厚、降低强度、增强韧性,使其能适应恶劣的工作环境,如图3-6所示。

图3-6 风动扳手套筒

气动冲击扳手的方榫部设计有O形锁圈,用来防止风动扳手套筒在工作时从气动冲击扳手上甩出,如图3-7所示。

图3-7 风动扳手套筒的结构

(三)花形套筒

花形套筒是专门用来拆卸花形头螺栓的。在拆卸时,花形套筒可与这种螺栓头实现面接触,并采用曲面结构,在缩小体积的同时可增加拆卸扭矩。

花形套筒内径形状有六角和十二角(双六角)两种类型。内六角花形套筒与螺栓、螺母表面的接触面大,不易损坏螺栓、螺母表面;内十二角花形套筒各角之间只间隔30°,可以很方便地套住螺栓,适合在狭窄的空间中拆卸螺栓,如图3-8、图3-9所示。

图3-8 内六角花形套筒

在现代汽车车型上,花形头螺栓的使用逐渐增多,经常用于车门安装螺栓或进气歧管的双头螺栓等。

在花形套筒的尺寸标示中,首先是"T"和"E"的区分,然后才是尺寸数字区别。花形旋具头被称为T形(柱头),而花形套筒被称为E形(沉头),如图3-10所示。

图3-9 内十二角花形套筒

图3-10 T、E形花形套筒

(四)系列旋具套筒

旋具套筒与配套手柄配合,组合成各式各样的螺丝刀或六角扳手,用来拆卸螺栓头为特殊形状的螺栓或力矩过大的小螺钉,如图3-11所示。

图 3-11　系列旋具套筒

随着汽车制造技术的发展,汽车中内六角及内六花螺栓的使用越来越多。传动带轮上的无头螺钉、变速器的放油螺栓以及减振器活塞杆的紧固螺栓等都使用了上述螺栓。如果要拆卸这种螺栓,就必须使用专用的内六角和内六花扳手。

在使用螺丝刀紧固开有一字或十字的螺钉时,容易发生上浮现象,拧紧力受到限制。因此,在汽车上内六角和内六花螺栓的使用量不断增加,如图 3-12 所示。

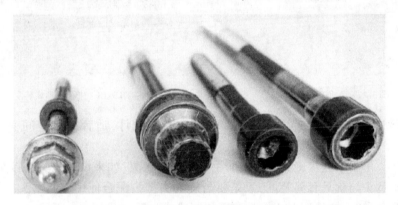

图 3-12　内六角螺栓

根据头部形状的不同,旋具套筒可分为一字形旋具套筒、十字形旋具套筒、米字形旋具套筒、花形旋具套筒、六角旋具套筒、中孔花形旋具套筒,分别如图 3-13～图 3-18 所示。

图 3-13　一字形旋具套筒

图 3-14　十字形旋具套筒

图 3-15 米字形旋具套筒

图 3-16 花形旋具套筒

图 3-17 六角旋具套筒

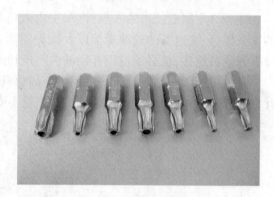

图 3-18 中孔花形旋具套筒

中孔花形旋具头不同于普通旋具头,中间为空心设计,适合拆卸中间有凸起的花形螺栓。

旋具头接头是用来连接旋具头及配套手柄的必备工具,如果没有旋具头接头,旋具头将无法使用。旋具头与旋具套筒相同,只是要与旋具头接头配合使用。旋具头接头与旋具头组合后形成旋具套筒,这种配置比旋具套筒的制造成本低,如图 3-19 所示。

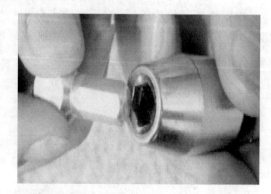

图 3-19 旋具头接头

旋具套筒与不同手柄配合会起到不同作用。可用棘轮扳手实现快速旋拧,也可接上接杆加长使用,对普通螺丝刀无法拧动的螺钉可以施加较大力矩。

三、套筒的使用方法及注意事项

(一)常用套筒

(1)套筒不能独立完成螺栓螺母的松紧,而必须配合棘轮扳手等配套工具使用。

(2)使用时,将套筒套在配套手柄的方榫上(视需要与长接杆、短接杆或万向接头配合使用),再将套筒套住螺栓或螺母,左手握住手柄与套筒连接处,保持套筒与所拆卸或紧固的螺栓同轴,右手握住配套手柄加力,如图 3-20 所示。

(3)在使用套筒的过程中,左手握紧手柄与套筒连接处,切勿摇晃,以免套筒滑出或损坏螺栓螺母的棱角。朝自己身体的方向用力,可防止滑脱造成手部受伤,如图 3-21 所示。

图 3-20　套筒与配套手柄配合

图 3-21　套筒的使用

(4)不要使用出现裂纹或已损坏了的套筒。这种套筒会引起打滑,从而损坏螺栓、螺母的棱角。禁止用锤子将套筒击入变形的螺栓、螺母六角形端部进行拆装,避免损坏套筒,如图 3-22 所示。

(二)花形套筒

内十二角花形套筒不能拆卸大力矩或棱边已磨损的螺栓,因为它与螺栓的接触面小,容易损坏螺栓的棱角或出现滑脱发生安全事故,如图 3-23 所示。

图 3-22　套筒使用注意事项

图 3-23　内十二角花形套筒使用注意事项

（三）旋具套筒

在使用旋具套筒拆卸或紧固螺钉前，一定要检查螺栓头部的内六角形或花形孔内是否有杂物，及时清理后再进行操作，以免因工具打滑损坏螺栓或伤及自身。在使用时，一定要给予旋具套筒足够的下压力，防止旋具套筒滑出螺钉头，如图3-24所示。

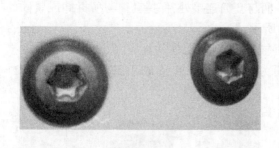
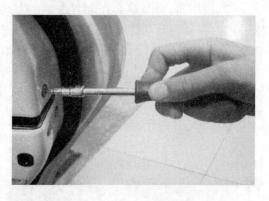

图3-24　旋具套筒使用注意事项

思考与练习

一、填空题

1.　　　　　是拆卸螺栓最方便、灵活且安全的工具。

2. 根据工作空间大小、　　　　　和螺栓螺母的　　　　　来选用合适的套筒头。

3. 按所拆卸螺栓的力矩和使用的工作环境不同，可将套筒分为　　　　　、　　　　　、　　　　　3个系列，并以配套手柄方榫的宽度来区分。

4. 除常见的　　　　　外，还有很多特殊套筒，如　　　　　、内六角形或内十二角花形套筒、　　　　　、旋具套筒等。

5. 在使用旋具套筒头拆卸或紧固螺钉时，一定要检查螺栓头部的内六角形或花形孔内是否有　　　　　，及时清理后再进行操作，以免因工具打滑损坏　　　　　或　　　　　。

6. 使用套筒时向　　　　　的方向用力，可防止滑脱造成手部受伤。

7. 　　　　　是套筒扳手的简称，拧紧或卸松螺栓或螺母的一种专用工具。

8. 套筒呈短管状，标准套筒一端内部呈　　　　　或　　　　　，用来套住螺栓或螺母六角形端部，另一端有一个　　　　　形的头孔，该头孔用来与配套手柄的方榫配合。

9. 不同系列套筒有不同的尺寸范围，6.3mm系列套筒的基本尺寸范围为　　　　　mm，9.5mm系列套筒的基本尺寸范围为　　　　　mm，12.5mm系列套筒的基本尺寸范围为　　　　　mm。

10. 根据螺栓螺母的具体　　　　　选择相应类型的套筒。

11. 花形套筒内径形状有　　　　　和　　　　　两种类型。

12. 随着汽车制造技术的发展，汽车中内六角及内六花螺栓的使用越来越多，如果要拆卸这种螺栓,就必须使用专用的_____和_____扳手。

13. 根据头部形状的不同,旋具套筒可分为_____旋具套筒、_____旋具套筒、米字形旋具套筒、_____旋具套筒、_____旋具套筒、_____旋具套筒。

14. _____是用来连接旋具头及配套手柄的必备配套工具,如果没有旋具头接头,旋具头将无法使用。

15. 套筒不能独立完成螺栓螺母的松紧,而必须配合_____使用。

二、选择题

1. (　　)是汽车维修工作中最常用的改型套筒之一。
   A. 内六角长套筒　　　B. 风动扳手套筒　　　C. 内十二角花形套筒

2. (　　)专门配套气动冲击扳手使用,如使用普通套筒,气动冲击扳手在工作时会产生瞬间强力冲击,可能会损坏套筒。
   A. 内六角长套筒　　　B. 风动扳手套筒　　　C. 内十二角花形套筒

3. (　　)是专门用来拆卸花形螺栓的。
   A. 内六角花形套筒　　B. 内六角长套筒　　　C. 风动扳手套筒

4. 以下哪个尺寸的套筒不在12.5mm系列套筒范围内。(　　)
   A. 10mm　　　　B. 15mm　　　　C. 32mm　　　　D. 55mm

5. 以下哪个尺寸的套筒不在6.3mm系列套筒范围内。(　　)
   A. 10mm　　　　B. 15mm　　　　C. 4mm　　　　D. 5.5mm

三、判断题

1. 使用套筒不易损坏螺母的棱角。　　　　　　　　　　　　　　　　　　　　(　　)
2. 套筒尺寸可以大于螺栓螺母尺寸。　　　　　　　　　　　　　　　　　　　(　　)
3. 风动扳手套筒专门配套气动冲击扳手使用,如使用普通套筒,气动冲击扳手在工作时会产生瞬间强力冲击,可能会损坏套筒。　　　　　　　　　　　　　　　　　　　　　　(　　)
4. 风动扳手套筒使用特殊铬钢合金制作,并且在制作工艺上加大壁厚、降低强度、增强韧性,使其能适应恶劣的工作环境。　　　　　　　　　　　　　　　　　　　　(　　)
5. 内六角花形套筒与螺栓、螺母的表面接触面大,不易损坏螺栓、螺母表面。(　　)
6. 在现代汽车车型上,车门安装螺栓多采用花形头螺栓。　　　　　　　　　(　　)
7. 变速器的放油螺栓一般采用内六角螺栓。　　　　　　　　　　　　　　　(　　)
8. 内十二角花形套筒可以用来拆卸大力矩或棱边已磨损的螺栓。　　　　　(　　)
9. 在使用旋具套筒头拆卸或紧固螺钉前,一定要检查螺栓头部的六角或花形孔内是否有杂物,及时清理后再进行操作,以免因工具打滑损坏螺栓或伤及自身。　　　　(　　)
10. 在使用旋具套筒时,一定要给予旋具套筒足够的下压力,防止旋具套筒滑出螺钉头。
    　　　　　　　　　　　　　　　　　　　　　　　　　　　　　　　　　(　　)
11. 在使用套筒的过程中,左手握紧手柄与套筒连接处,切勿摇晃,以免套筒滑出。
    　　　　　　　　　　　　　　　　　　　　　　　　　　　　　　　　　(　　)
12. 使用套筒时朝远离自己身体的方向用力,可防止滑脱造成手部受伤。　　(　　)
13. 可以使用出现裂纹或已损坏了的套筒。　　　　　　　　　　　　　　　(　　)
14. 可以使用锤子将套筒击入变形的螺栓、螺母六角形端部进行拆装。　　(　　)

四、请写出下列图中各种套筒的名称

名称：_____

名称：_____

名称：_____

名称：_____

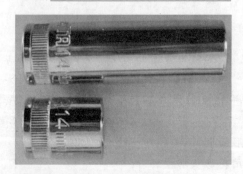

名称：_____

名称：_____

五、简答题

1. 分别写出6.3mm系列套筒、9.5mm系列套筒、12.5mm系列套筒的规格尺寸。

2. 简述套筒的选用原则。

3. 简述套筒的使用组装方法。

项目四　套筒配合件的认知与使用

学习目标

完成本项目学习后,你应能:
1. 对照实物说出各类套筒配合件的名称及用途;
2. 根据各类套筒配合件的用途正确选用套筒配合件;
3. 正确使用各类套筒配合件。

建议学时
2学时。

一、套筒配合件概述

虽然套筒是拆卸及装配螺栓螺母最方便、灵活且安全的工具,使用套筒不易损坏螺栓螺母的棱角,但套筒并不能独立使用,必须配合相应的配套工具才能使用,与不同的配合件组合能实现不同的工作需求。

套筒配合件有很多种,可分为两大类:第一类是套筒配套手柄,第二类是套筒配套接杆及接头。套筒配合件具体包括扭力扳手、棘轮手柄、滑杆、旋转手柄、快速摇杆、L形手柄、旋柄、接杆、可弯式接头、万向接头、套筒转换接头、三用接头等,如图4-1所示。

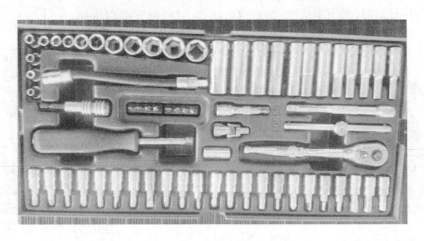

图4-1　套筒配合件

在实际使用过程中,根据工作空间大小、拆装力矩要求等因素,应选择适宜的套筒配合件。如果套筒配合件选用不当或使用不当,不但会造成套筒及套筒配合件损坏,也会导致工件损坏。因此,正确地选用和使用套筒配合件显得尤为重要。

二、套筒配套手柄

套筒配套手柄用于与套筒配合完成螺栓螺母的拆卸或装配,常见的套筒配套手柄有扭力扳手、棘轮手柄、滑杆、旋转手柄、快速摇杆、L形手柄、旋柄等。

(一)扭力扳手

扭力扳手主要用于有规定拧紧力矩值的螺栓和螺母的装配,如汽缸盖、连杆、曲轴主轴承等处的螺栓。常用的扭力扳手有指针式和预置力式两种,如图4-2所示。

指针式扭力扳手结构相对比较简单,它有一个刻度盘,当紧固螺栓时,扭力扳手的杆身在紧固力的作用下发生弯曲,这样就可以通过指针的偏转角度大小显示螺栓、螺母的旋紧力矩,其数值可通过刻度盘读出。汽车维修中常用扭力扳手的规格为300N·m。

使用指针式扭力扳手时,应注意左手在握住扳手与套筒连接处时,不要碰到指针杆,否则会造成读数不准,如图4-3所示。

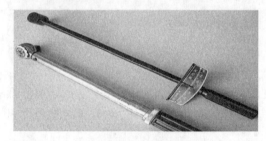
图4-2 扭力扳手

图4-3 指针式扭力扳手的使用

预置力式扭力扳手可通过旋转手柄,预先调整设定力矩,如图4-4所示。达到设定力矩时,该扳手会发出警告声响以提示用户。当听到"咔嗒"声响后,立即停止旋转用力以保证力矩正确,当扳手设在较低力矩值时,警告声可能很小,所以应特别注意。

图4-4 预置力式扭力扳手力矩设定

在使用预置力式扭力扳手拧紧螺栓时要用左手握住套筒,并保持扭力扳手的方榫部及套筒垂直于紧固件所在平面;右手握紧扭力扳手手柄,向自己身体方向扳转。禁止向外推动工具，以免滑脱而造成人身伤害，如图4-5所示。

拧紧螺栓、螺母时，不能用力过猛，不可施加冲击扭力。当旋紧阻力不断增加时，旋转的速度应相应放缓，以免损坏螺纹连接。当扭力矩过大时，禁止在扭力扳手的手柄上再加装套管或用锤子锤击。切勿在达到预置扭力矩后继续施加旋力，如继续施加旋力，会使扭力矩大大超出预设值，除对扳手造成严重损害外，还会损坏螺栓、螺母。用扭力扳手紧固一个平面上多个固定螺栓且力矩较大时，要注意拧紧顺序。一般的拧紧顺序是从中间至两边且对角分多次拧紧，详细顺序以维修手册为准。

图4-5　预置力式扭力扳手的使用

（二）棘轮手柄

棘轮手柄是最常见的套筒手柄。套筒手柄是装在套筒上用于扳动套筒的配套手柄，如果没有配套手柄，套筒将无法独立工作。棘轮手柄头部设计有棘轮装置，在不脱离套筒和螺栓的情况下，可实现快速单方向的转动，如图4-6所示。

图4-6　棘轮手柄

通过调整锁紧机构可改变棘轮手柄旋转方向：将锁紧机构手柄调到左边，可以单向顺时针拧紧螺栓或螺母；将锁紧机构手柄调到右边，可以单向逆时针松开螺栓或螺母，如图4-7所示。

有些专业棘轮手柄设计有套筒锁止及快速脱落功能，只需单手操作，可防止在使用过程中，套筒或接杆脱落。使用时，按下锁定按钮，将套筒头套入棘轮手柄的方榫中，松开锁定按钮，套筒即被锁止，如再次按下锁定按钮，即可解除套筒锁定，如图4-8所示。

图4-7　锁紧机构调整

图4-8　锁定按钮使用

棘轮手柄使用方便但不够结实。不要使用棘轮手柄对螺栓或螺母进行最后的拧紧，另外，严禁对棘轮手柄施加过大的力矩，否则，会损坏内部的棘爪结构。

（三）滑杆

滑杆也称滑动T形杆，是套筒专用配套手柄，横杆部可以滑动调节。通过滑动方榫部分,手柄可以有两种使用方法。

使用方法一:方榫位置在一端,形成 L 形结构,从而增加力矩,达到拆卸或紧固螺栓的目的,与 L 形扳手类似,如图 4-9 所示。

使用方法二:方榫部分在中部位置,形成 T 形结构,两只手同时用力,可以增加拆卸速度,但要求的工作空间很大,如图 4-10 所示。

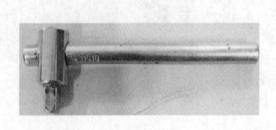

图 4-9 滑杆(L 形结构)

图 4-10 滑杆(T 型结构)

当拆卸力矩过大时,禁止在滑杆的手柄上再加装套管或用锤子锤击,否则,会造成工具或螺栓损坏,如图 4-11 所示。

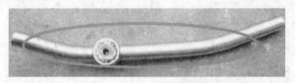

图 4-11 滑杆弯曲

(四)旋转手柄

旋转手柄也称摇头手柄或扳杆,可用于拆卸或更换要求大力矩的螺栓或螺母,也可在调整好手柄后进行迅速旋转。但旋转手柄很长,很难在狭窄空间下使用,如图 4-12 所示。

图 4-12 旋转手柄

旋转手柄头部可作铰式移动,这样可以根据作业空间要求调整手柄的角度进行使用。通常使用旋转手柄时,应尽量保持端部与手柄成 90°的 L 形状态,如图 4-13 所示。

图 4-13 旋转手柄使用

(五)快速摇杆

快速摇杆俗称摇把,如图4-14所示。是旋动螺母或螺栓最快的配套手柄,但不能在螺母或螺栓上施加太大的力矩。主要用于拧下已经松动的螺母或螺栓,或者把螺母快速旋上螺栓。

使用快速摇杆时,左手握住摇杆端部,并保持摇杆与所拆卸螺栓或螺母同轴,右手握住摇杆弯曲部,迅速旋转。使用快速摇杆时,握摇杆的手不可摇晃,以免套筒滑出螺栓或螺母,发生安全事故,如图4-15所示。

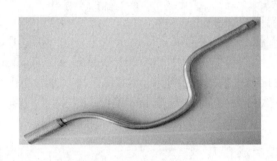

图4-14 快速摇杆　　　　　　图4-15 快速摇杆的使用

(六)L形手柄

L形手柄结构简单,因为其没有铰链等角度可调的部件,所以强度高,能承受较大力矩,如图4-16所示。

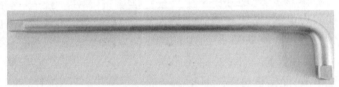

图4-16 L形手柄

(七)旋柄

旋柄也是套筒配套手柄,它可以与套筒头及旋具头配合,与螺丝刀手柄类似。旋柄多数为6.3mm系列,无法进行大力矩的旋拧。旋柄可以快速旋动螺栓、螺钉,主要用于将螺栓、螺钉旋到紧固,如图4-17所示。

图4-17 旋柄

旋柄的柄部可接棘轮扳手或其他手柄,用以增加拆卸或紧固时的力矩。在旋柄柄部加接棘轮扳手后,一定要注意防止前端的套筒头及旋具头扭力矩过大而造成螺栓或工具本身损坏,如图4-18所示。

禁止锤击旋柄尾部以达到松动螺栓的目的,否则,会使旋柄后部橡胶柄严重损坏。

图4-18 旋柄使用

三、套筒配套接杆及接头

套筒配套接杆及接头,用于加装在套筒和配套手柄之间,以增加长度或改变方向,更好地适应不同空间的拆卸需求,实现不同规格套筒与手柄的转换连接,或实现一些其他的连接作用。常见的套筒配套接杆及接头有接杆、可弯式接头、万向接头、套筒转换接头、三用接头等。

(一)接杆

接杆也称延长杆或加长杆,是套筒类成套工具不可缺少的一部分。日常汽车维修工作中,有75mm、125mm、150mm和250mm等不同长度的接杆供选用,即人们常说的长接杆和短接杆,如图4-19所示。

接杆的主要作用是加装在套筒和配套手柄之间,用于拆卸和更换装得很深、仅凭套筒和手柄无法接触的螺栓、螺母。另外,在拆卸平面上的螺栓、螺母时,工具会紧贴在操作面上,妨碍正常拆卸,甚至会产生安全事故,而接杆可将工具抬离平面一定高度,便于操作,如图4-20所示。

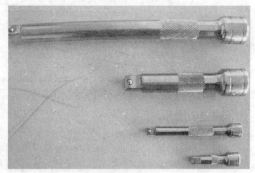

图4-19 接杆

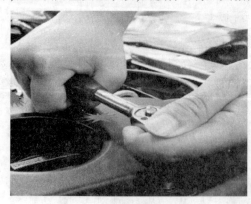
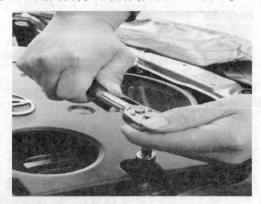

图4-20 接杆作用

有很多接杆经过改进后具有特殊功能,如转向接杆和锁定接杆等。

转向接杆是指普通接杆与套筒连接的方榫部,经过改进再装上套筒后,会产生10°左右的偏角,从而使用方便,如图4-21所示。

锁定接杆是指接杆具有套筒锁止功能,在使用中不用担心套筒或万向接头掉落。操作时按下锁定按钮,然后将套筒套入接杆方榫内,松开锁定按钮后,套筒即被锁止。如再按一次按钮,套筒就可以轻松地取下,如图 4-22 所示。

图 4-21 转向接杆

图 4-22 锁定接杆

禁止把接杆当作冲子使用。因为锤子的敲击会使接杆两端的方榫和方孔严重变形,如图 4-23 所示。

图 4-23 接杆使用注意事项

(二)可弯式接头

可弯式接头实际就是改进的长接杆,中间部分采用特殊材料制成,呈弹簧状软连接,是非刚性连接,如图 4-24 所示。

可弯式接头使用相当方便,普通接杆无法完成的操作,使用可弯式接头可以轻松自如地完成。可弯式接头由于中间为软连接,所以不可进行大力矩螺栓、螺母的拆卸,如图 4-25 所示。

图 4-24 可弯式接头

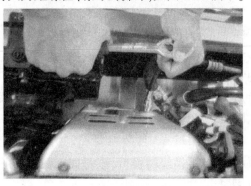

图 4-25 可弯式接头使用

工量具认知与使用

(三) 万向接头

万向接头的方形套头部分可以前后或左右移动，配套手柄和套筒之间的角度可以自由变化，其工作原理与前置后驱汽车传动轴使用的万向节基本相同，如图 4-26 所示。

套筒扳手与配套手柄是垂直连接的，但车辆上很多地方套筒是无法伸入的，这时候万向接头将提供最大的方便，它可以提供比可弯式接头更大的变向空间。

图 4-26 万向接头

使用万向接头时，不要使手柄倾斜较大角度来施加力矩，应尽可能在接近垂直状态下使用，因为偏角过大会使力矩的传递效率降低，如图 4-27 所示。

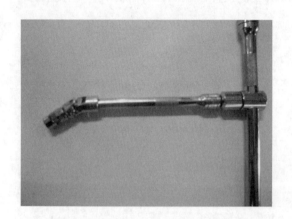 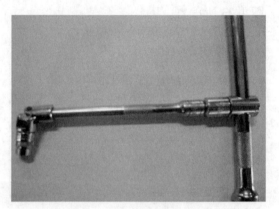

图 4-27 万向接头使用

使用气动工具时严禁使用万向接头，因为万向接头由于不能吸收旋转摆动会发生脱开情况，造成工具、零件或车辆损坏，甚至造成人身伤害，如图 4-28 所示。

(四) 套筒转换接头

套筒转换接头是将现有不同尺寸规格的手柄和套筒配合使用，转换接头有两种：一种是"小→大"，另一种是"大→小"。例如，9.5mm 系列的手柄接 12.5mm 系列的套筒或 12.5mm 系列手柄接 9.5mm 系列套筒等都需要转换接头，如图 4-29 所示。

图 4-28 万向接头使用注意事项

在使用过程中，必须要控制力矩大小。因为套筒和手柄经转换后，不是同一尺寸范围，如按原尺寸范围施加力矩，则会损坏套筒或手柄。

图 4-29　套筒转换接头

（五）三用接头

三用接头是特有的一种接头，需与套筒和接杆组合后使用，自身无法单独达到拆卸或装配的目的，如图 4-30 所示。

三用接头中间部可接长接杆，与长接杆配合使用，起到 T 形滑杆的作用，如图 4-31 所示。

方榫部一端为 9.5mm 系列，另外一端为 12.5mm 系列，可使 12.5mm 系列的手柄与 9.5mm 系列的套筒配合使用，起到变径作用，如图 4-32 所示。

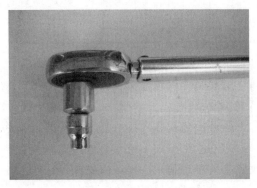

图 4-30　三用接头

图 4-31　T 形滑杆作用

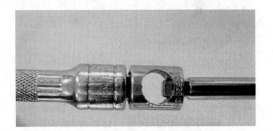

图 4-32　变径作用

思考与练习

一、填空题

1.＿＿＿＿＿＿主要用于有规定力矩值的螺栓和螺母的装配，如汽缸盖、连杆、曲轴主轴承等处的螺栓。

2.棘轮手柄使用方便但不能＿＿＿＿＿＿。不要使用棘轮手柄对螺栓或螺母进行＿＿＿＿＿＿，另外，＿＿＿＿＿＿对棘轮手柄施加过大的力矩，否则，会损坏内部的棘爪结构。

3．_____俗称摇把，是旋动螺母最快的配套手柄，但不能在螺母上施加太大的力矩。

4．快速摇杆主要用于拧下已经_____的螺母，或者把螺母_____旋上螺栓。

5．旋柄可以与套筒头及_____配合，与_____类似。旋柄多数为6.3mm系列，无法进行_____的旋拧。

6．旋柄的柄部可接棘轮扳手或其他手柄，用以_____拆卸或紧固时的力矩。

7．_____的主要作用是加装在套筒和配套手柄之间，用于拆卸和更换装得很深、仅凭套筒和手柄无法接触的螺栓、螺母。

8．套筒转换接头是将现有_____尺寸规格的手柄和套筒配合使用。

9．9.5mm系列的手柄接6.3mm系列的套筒需_____。

10．三用接头中间部可接长接杆，与长接杆配合使用，起到_____的作用。方榫部一端为9.5mm系列，另外一端为12.5mm系列，可使12.5mm系列的手柄与9.5mm系列的套筒配合使用，起到_____作用。

11．常用的扭力扳手有_____和_____两种。

二、选择题

1．(　　)可通过旋转手柄，预先调整设定力矩，达到设定力矩时，该扳手会发出警告声响以提示用户。

  A．棘轮手柄   B．预置力式扭力扳手
  C．指针式扭力扳手   D．快速摇杆

2．(　　)相对比较简单，它有一个刻度盘，当紧固螺栓时，扭力扳手的杆身在力的作用下发生弯曲，这样就可以通过指针的偏转角度大小显示螺栓、螺母的旋紧力矩，其数值可通过刻度盘读出。

  A．棘轮手柄   B．预置力式扭力扳手
  C．指针式扭力扳手   D．快速摇杆

3．在使用预置力式扭力扳手拧紧时要用左手握住套筒，并保持扭力扳手的方榫部及套筒垂直于紧固件所在平面；右手握紧扭力扳手手柄，_____扳转。禁止_____推动工具，以免滑脱而造成人身伤害。(　　)

  A．向自己身体；向自己身体   B．向外；向外
  C．向自己身体；向外   D．向外；向自己身体

4．(　　)头部设计有棘轮装置，在不脱离套筒和螺栓的情况下，可实现快速单方向的转动。

  A．棘轮手柄   B．预置力式扭力扳手
  C．指针式扭力扳手   D．快速摇杆

5．通过调整锁紧机构可改变棘轮手柄旋转方向；将锁紧机构手柄调到_____边，可以单向顺时针拧紧螺栓或螺母；将锁紧机构手柄调到_____边，可以单向逆时针松开螺栓或螺母。(　　)

  A．左；右   B．右；左   C．左；左   D．右；右

6. ( )也称滑动T形杆,是套筒专用配套手柄,横杆部可以滑动调节。
   A. 棘轮手柄　　　　B. 滑杆　　　　C. 扭力扳手　　　　D. 快速摇杆
7. ( )也称摇头手柄或扳杆,可用于拆下或更换要求大力矩的螺栓或螺母,也可在调整好手柄后进行迅速旋转。
   A. 旋转手柄　　　　B. 滑杆　　　　C. 扭力扳手　　　　D. 快速摇杆
8. ( )可以快速旋动螺栓、螺钉,主要用于将螺栓、螺钉旋到底。
   A. 旋转手柄　　　　B. 旋柄　　　　C. 扭力扳手　　　　D. 棘轮手柄
9. ( )是指普通接杆与套筒连接的方榫部,经过改进再装上套筒后,会产生10°左右的偏角,因而使用非常方便。
   A. 转向接杆　　　　B. 滑杆　　　　C. 扭力扳手　　　　D. 锁定接杆
10. ( )是指接杆具有套筒锁止功能,操作时按下锁定按钮,然后将套筒套入接杆方榫内,松开锁定按钮后,套筒即被锁止。
    A. 转向接杆　　　　B. 滑杆　　　　C. 扭力扳手　　　　D. 锁定接杆
11. ( )实际就是改进的长接杆,中间部分采用特殊材料制成,弹簧状软连接,是非刚性连接。
    A. 转向接杆　　　　B. 滑杆　　　　C. 可弯式接头　　　　D. 锁定接杆
12. ( )的方形套头部分可以前后或左右移动,配套手柄和套筒之间的角度可以自由变化。
    A. 三用接头　　　　B. 万向接头　　　　C. 可弯式接头　　　　D. 套筒转换接头
13. ( )快速摇杆主要用于拧下已经松动的螺母,或者把螺母快速旋上螺栓。
    A. 旋转手柄　　　　B. 滑杆　　　　C. 扭力扳手　　　　D. 快速摇杆

三、判断题

1. 如果套筒配合件选用不当或使用不当,不但会造成套筒及套筒配合件损坏,也会导致工件损坏。　　　　　　　　　　　　　　　　　　　　　　　　　　　　　　( )
2. 套筒并不能独立使用,必须配合相应的配套工具才能使用。　　　　　　( )
3. 扭力扳手主要用于有规定力矩值的螺栓和螺母的拆卸。　　　　　　　　( )
4. 使用指针式扭力扳手时,应注意左手在握住扳手与套筒连接处时,不要碰到指针杆,否则会造成读数不准。　　　　　　　　　　　　　　　　　　　　　　　　( )
5. 预置力式扭力扳手在使用过程中若听到"咔嗒"声响后,应立即停止旋转用力。
　　　　　　　　　　　　　　　　　　　　　　　　　　　　　　　　　( )
6. 严禁对棘轮手柄施加过大的力矩,否则,会损坏内部的棘爪结构。　　　( )
7. 当拆卸力矩过大时,可以在滑杆的手柄上加装套管以加大力矩。　　　　( )
8. L形手柄结构简单,强度高,能承受较大力量。　　　　　　　　　　　　( )
9. 必要时可将接杆当作冲子使用。　　　　　　　　　　　　　　　　　　( )
10. 可弯式接头可以进行大力矩螺栓、螺母的拆卸。　　　　　　　　　　　( )
11. 三用接头需与套筒和接杆组合后使用,自身无法单独达到拆卸或装配螺栓螺母的目的。　　　　　　　　　　　　　　　　　　　　　　　　　　　　　　　　( )
12. 可弯式接头可以提供比万向接头更大的变向空间。　　　　　　　　　　( )

13. 使用万向接头时,不要使手柄倾斜较大角度来施加力矩。（   ）

四、请写出下列图中各种套筒配合件的名称

名称：_____

名称：_____

名称：_____

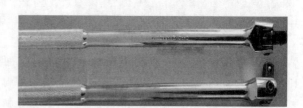

名称：_____

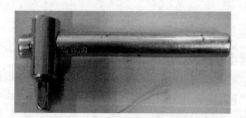

名称：_____

名称：_____

名称：_____

名称：_____

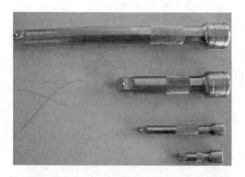

名称：_____

名称：_____

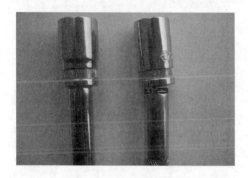

名称：_____

名称：_____

名称：_____

名称：_____

五、简答题

1. 简述预置力式扭力扳手的使用方法及注意事项。

2. 简述棘轮手柄的使用方法。

3. 简述万向接头的使用注意事项。

项目五　钳子的认知与使用

学习目标

完成本项目学习后,你应能:
1. 对照实物说出各类钳子的名称及用途;
2. 根据各类钳子的用途正确选用各类钳子;
3. 正确地使用各类钳子。

建议学时
2 学时。

一、钳子概述

钳子用于弯曲小的金属材料,夹持扁形或圆形零件,切断软的金属丝等。如果钳子选用不当或使用不当,不但会造成工件和钳子损坏,还可能危害人身安全。因此,正确地选择和使用钳子显得尤为重要。

在汽车维修中,常用的钳子类型有钢丝钳、鲤鱼钳、尖嘴钳、斜口钳、水泵钳、卡簧钳、大力钳、管钳等,如图 5-1 所示。

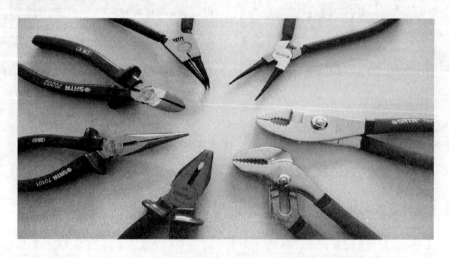

图 5-1　钳子

应根据在汽车维修中所要达到的不同目的来选用不同种类的钳子,并且还要考虑工作空间的大小等因素。

二、钳子的使用

(一) 钢丝钳

钢丝钳是最常见的一种钳子,它可以用来切断金属丝或夹持零件。使用钢丝钳时,用手握住钳柄后端,使钳口开闭,钳口前端主要用于夹持各种零件,根部的刃口可用来切割细导线,如图 5-2 所示。

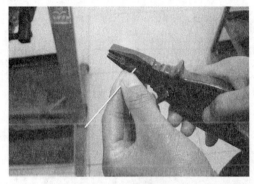

图 5-2　钢丝钳

当钢丝钳切断较硬的钢丝等物体时,禁止使用锤子击打钳子来增加切削力,这样会损坏钢丝钳,如图 5-3 所示。

(二) 尖嘴钳

尖嘴钳钳口长而细,特别适合在狭窄空间里使用。在狭窄的空间中,钢丝钳无法满足工作条件时,可用尖嘴钳代替,如图 5-4 所示。严禁对尖嘴钳的钳头部施加过大的压力,这样会使尖嘴钳的钳口尖部扩张成 U 形。

图 5-3　钢丝钳的使用注意事项

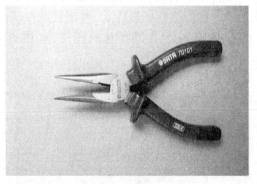

图 5-4　尖嘴钳

钢丝钳及尖嘴钳使用注意事项:严禁用钳子代替扳手来拧紧或拧松螺母、螺栓,以免损坏螺栓、螺母的棱角;严禁把钳子当作锤子来使用,这使会造成钳子本身的损坏;严禁将钳柄当作撬棒使用,以防钳柄弯曲、折断或损坏,如图 5-5 所示。

图 5-5　钢丝钳及尖嘴钳使用注意事项

(三)斜口钳

斜口钳也称剪钳,主要用于切割金属丝或导线。斜口钳的钳口有刃口,且尖部为圆形,不具备夹持零件的作用,只能用于切割金属丝或导线,如图 5-6 所示。

图 5-6　斜口钳

斜口钳可以剪切钢丝钳和尖嘴钳不能剪切的细导线或线束中的导线,如图 5-7 所示。严禁用来切割硬的或粗的金属丝,这样做会损坏斜口钳的刃口。

(四)鲤鱼钳

鲤鱼钳也称鱼嘴钳,主要用于夹持、弯曲和扭转工件。鲤鱼钳的手柄一般较长,可通过改变支点上槽孔的位置来调节钳口张开的程度,如图 5-8 所示。

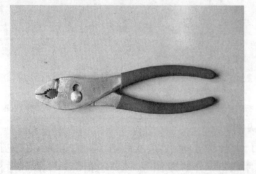

图 5-7　斜口钳使用

图 5-8　鲤鱼钳

在用鲤鱼钳夹持零件前，必须用防护布或其他防护罩遮盖易损坏件，以防止锯齿状钳口对易损件造成伤害，如图5-9所示。

(五) 水泵钳

水泵钳也称鸟嘴钳，结构与作用同鲤鱼钳相似，这两种钳子在有些资料中统称为多位钳，如图5-10所示。

图5-9 鲤鱼钳使用

图5-10 水泵钳

在实际汽车维修中，鲤鱼钳和水泵钳可用于拆卸散热器软管和制动系统活塞复位。严禁把鲤鱼钳和水泵钳当成扳手使用，因为锯齿状钳口会损坏螺栓或螺母的棱角，如图5-11所示。

图5-11 水泵钳使用

(六) 大力钳

大力钳有双杠杆作用，能通过钳爪给工件施加一个较大的夹紧力，如图5-12所示。

钳爪的开口尺寸可通过手柄末端的滚花螺钉来调节。向外旋松调整螺钉时，钳口张开的尺寸增大；向里旋拧调整螺钉时，钳口张开的尺寸将减小。当大力钳夹紧物体时，如果想释放被夹持的物体，扳压一下释放手柄，在杠杆力的作用下，钳口将会释放工件，如图5-13所示。

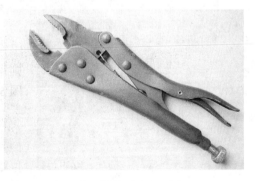

图5-12 大力钳

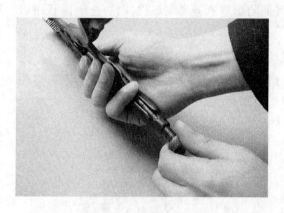
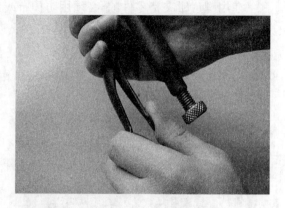

图 5-13 大力钳使用

在实际汽车维修中,大力钳主要用于夹紧头部已损伤的螺钉并进行拆卸,另外大力钳还具有临时固定等待焊接的钣金件等作用。除非螺栓、螺母的棱角已经损坏,无法使用正常扳手拆卸,否则不要使用大力钳,因为大力钳会加剧螺栓、螺母的损坏程度。

(七) 管钳

管钳主要用于扳动管状零件,管钳的头部有活动钳口和固定钳口两种。管钳头部的钳爪开口成 V 形,当管钳卡在管子上时,V 形开口设计会让锯齿状的钳爪夹紧管状零件。管钳头部的钳爪表面经过淬火加硬处理并做成锯齿状,以便卡紧管状零件,如图 5-14 所示。

图 5-14 管钳

管钳的活动钳口可根据使用的情况进行调整,工作原理类似于活动扳手。使用管钳时要当心,否则锯齿会在管子表面划出痕迹或损坏管子表面,如图 5-15 所示。

(八) 卡簧钳

卡簧(弹性挡圈)装在轴或孔的卡簧槽里,起定位或阻挡作用。卡簧钳是专门用来拆卸和安装卡簧的工具,如图 5-16 所示。

图 5-15 管钳使用

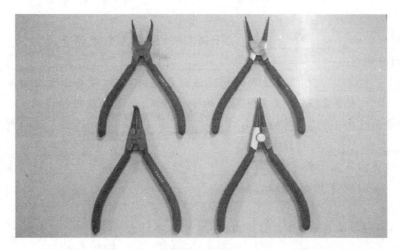

图 5-16　卡簧钳

根据使用范围不同,卡簧钳分为轴用和孔用两种。这两种卡簧钳均有直嘴和弯嘴两种结构形式。轴用卡簧钳可用于将卡簧胀开,以便将卡簧从轴上拆下。孔用卡簧钳可以将卡簧收缩,以便将卡簧从轴孔内取出,如图 5-17、图 5-18 所示。

图 5-17　轴用卡簧钳

图 5-18　孔用卡簧钳

在拆装卡簧时,可先使用卡簧钳将卡簧旋转后再进行拆卸,避免因工件生锈而增加操作难度。

思考与练习

一、填空题

1. 在汽车维修中,常用的钳子类型有＿＿＿＿、＿＿＿＿、＿＿＿＿、斜嘴钳、水泵钳、＿＿＿＿、大力钳、＿＿＿＿等。
2. 钢丝钳钳口前端主要用于＿＿＿＿,根部的刃口可用来＿＿＿＿。
3. 尖嘴钳钳口＿＿＿＿,特别适合在＿＿＿＿里使用。
4. ＿＿＿＿也称鱼嘴钳,主要用于＿＿＿＿、＿＿＿＿和＿＿＿＿工件。
5. 鲤鱼钳的手柄一般较长,可通过改变支点上槽孔的位置来调节＿＿＿＿的程度。
6. ＿＿＿＿有双杠杆作用,能通过钳爪给工件施加一个较大的夹紧力。
7. 在实际汽车维修中,＿＿＿＿和＿＿＿＿可用于拆卸散热器软管和制动系统活塞复位。

8. 大力钳钳爪的_____可通过手柄末端的滚花螺钉来调节。
9. 管钳的头部有_____和_____两种。
10. 管钳_____可根据使用的情况进行调整,工作原理类似于活动扳手。
11. _____(弹性挡圈)装在轴或孔的卡簧槽里,起定位或阻挡作用。
12. 根据使用范围不同,卡簧钳分为_____和_____两种。这两种卡簧钳均有_____和_____两种结构形式。
13. 轴用卡簧钳可用于将卡簧_____,以便将卡簧从轴上拆下。孔用卡簧钳可以将卡簧_____,以便将卡簧从轴孔内取出。

二、选择题

1.(　　)的钳口有刃口,且尖部为圆形,不具备夹持零件的作用,只能用于切割金属丝或导线。
　　A. 钢丝钳　　　　B. 尖嘴钳　　　　C. 斜口钳　　　　D. 鲤鱼钳

2.(　　)是最常见的一种钳子,它可以用来切断金属丝或夹持零件。
　　A. 钢丝钳　　　　B. 尖嘴钳　　　　C. 斜口钳　　　　D. 鲤鱼钳

3.(　　)也称鸟嘴钳,结构与作用同鲤鱼钳相似,这两种钳子在有些资料中统称为多位钳。
　　A. 管钳　　　　　B. 尖嘴钳　　　　C. 斜口钳　　　　D. 水泵钳

4. 在狭窄的空间中,钢丝钳无法满足工作条件时,可用(　　)代替。
　　A. 卡簧钳　　　　B. 尖嘴钳　　　　C. 大力钳　　　　D. 鲤鱼钳

5. 在实际汽车维修中,(　　)主要用于夹紧头部已损伤的螺钉并进行拆卸,另外还具有临时固定等待焊接的钣金件等作用。
　　A. 卡簧钳　　　　B. 尖嘴钳　　　　C. 大力钳　　　　D. 鲤鱼钳

6. 开口尺寸可以调节的钳子是(　　)。
　　A. 钢丝钳、尖嘴钳　　　　　　　　B. 钢丝钳、卡簧钳
　　C. 斜口钳、管钳　　　　　　　　　D. 鲤鱼钳、大力钳

7.(　　)主要用于扳动管状零件。
　　A. 管钳　　　　　B. 尖嘴钳　　　　C. 斜口钳　　　　D. 水泵钳

8.(　　)是专门用来拆卸和安装卡簧的工具。
　　A. 管钳　　　　　B. 尖嘴钳　　　　C. 卡簧钳　　　　D. 鲤鱼钳

三、判断题

1. 如果钳子选用不当或使用不当,不但会造成工件和钳子损坏,还可能危害人身安全。(　　)
2. 汽车维修中钳子种类的选用只由使用目的决定,与工作空间大小无关。(　　)
3. 钢丝钳是最常见的一种钳子,它可以用来切断金属丝或夹持零件。(　　)
4. 当钢丝钳切割较硬的钢丝等物体时,可以使用锤子击打钳子来增加切削力。(　　)
5. 严禁对尖嘴钳的钳头部施加过大的压力,这样会使尖嘴钳的钳口尖部扩张成U形。(　　)

6. 严禁钳子代替扳手来拧紧或拧松螺母、螺栓。（　　）

7. 没有锤子时,可以把钳子当作锤子来敲击工件。（　　）

8. 在用鲤鱼钳夹持零件前,必须用防护布或其他防护罩遮盖易损坏件,防止锯齿状钳口对易损件造成伤害。（　　）

9. 严禁把鲤鱼钳和水泵钳当成扳手使用,因为锯齿状钳口会损坏螺栓或螺母的棱角。
（　　）

10. 螺栓、螺母棱角完好的情况下可以使用大力钳。（　　）

11. 使用管钳时要当心,否则锯齿会在管子表面划出痕迹或损坏管子表面。（　　）

四、请写出下列图中各种钳子的名称

名称：_____

名称：_____

名称：_____

名称：_____

名称：_____

名称：_____

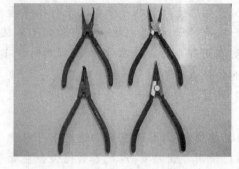

名称：_____   名称：_____

五、简答题

1. 简述钢丝钳及尖嘴钳的使用注意事项。

2. 简述大力钳的使用方法及注意事项。

3. 简述钢丝钳、斜口钳、鲤鱼钳及卡簧钳的用途。

项目六　螺丝刀的认知与使用

学习目标

完成本项目学习后,你应能:
1. 对照实物说出各类螺丝刀的名称及用途;
2. 根据各类螺丝刀的用途正确选用各类螺丝刀;
3. 正确地使用各类螺丝刀。

建议学时
2 学时。

一、螺丝刀概述

(一) 螺丝刀作用及类型

螺丝刀俗称改锥或起子,主要用于旋拧小力矩、头部开有凹槽的螺栓和螺钉。

螺丝刀分为普通螺丝刀和特殊螺丝刀。普通螺丝刀的类型取决于本身的结构及尖部的形状,包括一字螺丝刀、十字螺丝刀。特殊螺丝刀包括通心螺丝刀、短柄螺丝刀、方柄螺丝刀、冲击螺丝刀、精密螺丝刀、磁性螺丝刀,如图6-1所示。

(二) 螺丝刀的选用

选用螺丝刀时,应先保证螺丝刀头部的尺寸与螺钉的槽部形状完全配合,选用不当会严重损坏螺丝刀。如果螺丝刀的头部太厚,则不能落入螺钉槽内,否则易损坏螺钉槽;如果螺丝刀的头部太薄,使用时头部容易扭曲,如图6-2所示。

图6-1　螺丝刀类型

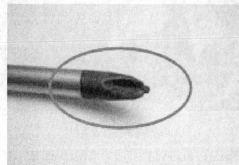

图6-2　螺丝刀选用

二、普通螺丝刀的使用

(一) 一字螺丝刀

一字螺丝刀,俗称平口起子,用于拆装具有单个槽口的螺钉,如图 6-3 所示。

(二) 十字螺丝刀

十字螺丝刀,俗称梅花起子,用于拆装具有十字槽口的螺钉,如图 6-4 所示。

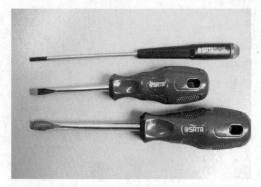

图 6-3　一字螺丝刀

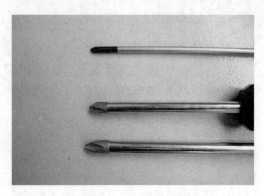

图 6-4　十字螺丝刀

(三) 普通螺丝刀的使用方法及注意事项

使用螺丝刀时,应右手握住螺丝刀,手心抵住柄端,螺丝刀与螺钉的轴心必须保持同轴,压紧后用手腕扭转,拆卸时螺钉松动后用手心轻压螺丝刀,并用拇指、食指、中指快速旋转手柄,如图 6-5 所示。

为保证螺丝刀和螺钉槽配合良好,使用螺丝刀前要先清除螺钉槽里的油漆和脏物。如果螺丝刀或工件上有油污,也应擦净后再进行操作。

如果使用较长的螺丝刀,左手应把持住它的前端,保持稳定,防止螺丝刀滑出螺钉的槽口,如图 6-6 所示。

图 6-5　螺丝刀使用

图 6-6　长螺丝刀使用

如果用螺丝刀拆卸的是活动部件,应把工件固定后,再进行操作。严禁用手握住工件操作,因为一旦螺丝刀滑出,将会把手凿伤,如图 6-7 所示。

图 6-7　严禁直接拆卸活动部件

另外,在使用过程中,要尽量避免将螺丝刀当撬棒,否则会造成螺丝刀的弯曲甚至断裂,如图 6-8 所示。

图 6-8　避免当撬棒使用

禁止将普通螺丝刀当作錾子使用(通心螺丝刀除外),否则会造成头部缩进手柄内或断裂和缺口,如图 6-9 所示。

图 6-9　禁止当錾子使用

三、特殊螺丝刀的使用

(一) 通心螺丝刀

通心螺丝刀的金属杆贯穿整个手柄,可通过对尾部的捶击,达到对螺钉的冲击效果,如图 6-10 所示。

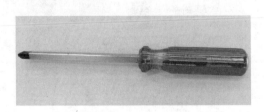

图 6-10　通心螺丝刀

只有通心螺丝刀可进行敲击,其他普通螺丝刀是绝对不可以的,因为这样会损坏普通螺丝刀。

(二) 短柄螺丝刀

短柄螺丝刀便于在有限的空间内拆卸并更换螺钉,如拆卸仪表板及处于发动机舱狭窄位置处的螺钉,使用短柄螺丝刀将更加方便,如图6-11所示。

(三) 方柄螺丝刀

方柄螺丝刀可使用开口扳手进行辅助拧动,主要用在需要大力矩拆装的地方,如图6-12所示。

图6-11 短柄螺丝刀

图6-12 方柄螺丝刀

采用开口扳手辅助方柄螺丝刀拧动时,应用右手压紧螺丝刀,使螺丝刀与螺钉完全配合,防止滑出后损坏螺钉槽口。切勿使用钢丝钳或鲤鱼钳夹住普通螺丝刀的杆身施加力矩,这样可能会损坏螺钉凹槽或螺丝刀本身,如图6-13所示。

(四) 冲击螺丝刀

冲击螺丝刀也称锤击式加力螺丝刀。如果螺钉、螺栓生锈或拧得过紧,就需要施加较大的力才能把它旋动。冲击螺丝刀通过实施瞬间冲击力以达到拆卸目的。冲击螺丝刀的头部各不相同,使用时应选用合适的型号,如图6-14所示。

图6-13 方柄螺丝刀的使用

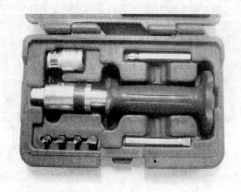

图6-14 冲击螺丝刀

冲击螺丝刀头部可进行旋转,使用冲击螺丝刀前,应先把冲击螺丝刀的旋转方向调整好,把冲击螺丝刀手柄顺时针旋到底,锤击时螺丝刀的旋转方向为逆时针,反之,则为顺时针。调整好后,刀口对准螺钉、螺栓头部,只需要用锤子击打冲击螺丝刀后部,冲击螺丝刀即可对螺钉、螺栓实施冲击力,达到对螺钉、螺栓松动的目的,如图 6-15 所示。

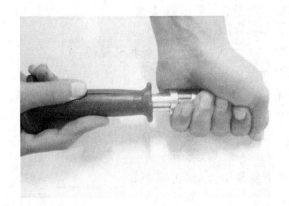

图 6-15　冲击螺丝刀的使用

(五) 精密螺丝刀

精密螺丝刀是一种型号非常小的螺丝刀,主要用于维修电子设备,可用来拆卸并更换精密零件。在汽车维修中,如维修汽车音响、CD 机等,就需要使用精密螺丝刀,如图 6-16 所示。

(六) 磁性螺丝刀

在汽车维修中,很多螺丝刀刀头都是带有磁性的,主要是方便在操作过程中吸附一些小的金属件,如小螺栓、螺钉、气门锁片等,因为在汽车维修过程中,很多时候空间比较狭小,需要拿取一些小零件时手无法触及,如拿取不慎掉落到部件夹缝中的小螺钉,或安装气门锁片等时,就需使用磁性螺丝刀。

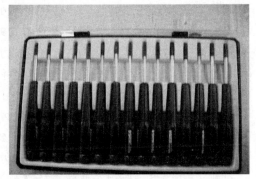

图 6-16　精密螺丝刀

磁性螺丝刀有两种,一种是永磁铁,就是刀头是磁铁做的,磁性不会消失,另一种是磁化刀头,大概使用一两年磁性就会消失,需人工加磁。

思考与练习

一、填空题

1. 特殊螺丝刀包括通心螺丝刀、_____、_____、_____、_____、_____。

2. 如果螺丝刀的头部太_____,则不能落入螺钉槽内,否则易损坏螺钉槽;如果螺丝刀的头部太_____,使用时头部容易扭曲。

3. 一字螺丝刀,俗称_____,用于拆装具有_____槽口的螺钉。

4. _____,俗称梅花起子,用于拆装具有_____槽口的螺钉。

5. 通心螺丝刀的金属杆贯穿整个手柄,可通过对尾部的_____,达到对螺钉的冲击效果。

6. 方柄螺丝刀可使用_____进行辅助拧动,主要用在需要_____拆装的地方。

7. 如果螺钉、螺栓生锈或拧得过紧,就需要_____螺丝刀才能把它旋动。

8. 冲击螺丝刀的头部各不相同,使用时应选用_____的型号。

9. 在汽车维修中,很多螺丝刀刀头都是带有_____的,主要是方便在操作过程中吸附一些小的_____。

10. 磁性螺丝刀有两种,一种是_____,就是刀头是磁铁做的,磁性不会消失,另一种是磁化刀头,大概使用一两年磁性就会_____,需人工加磁。

11. 螺丝刀俗称改锥或_____,主要用于旋拧小力矩、头部开有_____的螺栓和螺钉。

12. 采用开口扳手辅助拧动方柄螺丝刀时,应用右手_____螺丝刀,使螺丝刀与螺钉完全配合,防止_____损坏螺钉槽口。

二、选择题

1.（　　）可使用开口扳手进行辅助拧动,主要用在需要大扭矩拆装的地方。
　　A.方柄螺丝刀　　B.短柄螺丝刀　　C.精密螺丝刀　　D.冲击螺丝刀

2.只有（　　）可进行敲击,其他普通螺丝刀不可以。
　　A.方柄螺丝刀　　B.短柄螺丝刀　　C.精密螺丝刀　　D.通心螺丝刀

3.（　　）便于在有限的空间内拆卸并更换螺钉,如拆卸仪表板及处于发动机舱狭窄位置处的螺钉,将更加方便。
　　A.方柄螺丝刀　　B.短柄螺丝刀　　C.精密螺丝刀　　D.通心螺丝刀

4.（　　）通过实施瞬间冲击力以达到拆卸目的。
　　A.方柄螺丝刀　　B.短柄螺丝刀　　C.精密螺丝刀　　D.冲击螺丝刀

5.（　　）是一种型号非常小的螺丝刀,主要用于维修电子设备,可用来拆卸并更换精密零件。
　　A.方柄螺丝刀　　B.短柄螺丝刀　　C.精密螺丝刀　　D.通心螺丝刀

6.（　　）也称锤击式加力螺丝刀。
　　A.冲击螺丝刀　　B.短柄螺丝刀　　C.精密螺丝刀　　D.通心螺丝刀

三、判断题

1.选用螺丝刀时,应先保证螺丝刀头部的尺寸与螺钉的槽部形状完全配合,选用不当会严重损坏螺丝刀。（　　）

2.使用螺丝刀时,螺丝刀与螺钉轴心可以相对倾斜。（　　）

3.为保证螺丝刀和螺钉槽配合良好,使用螺丝刀前要先清除螺钉槽里的油漆和脏物。（　　）

4.如果使用较长的螺丝刀,左手应把持住它的前端,保持稳定,防止螺丝刀滑出螺钉的

槽口。 （ ）
5. 可以一只手拿工件,另一只手拿螺丝刀操作。 （ ）
6. 根据需要,可以将螺丝刀当撬棒来撬动工件。 （ ）
7. 根据需要,可以将普通螺丝刀当作錾子使用。 （ ）
8. 切勿使用钢丝钳或鲤鱼钳夹住普通螺丝刀的杆身施加力矩,这样可能会损坏螺钉凹槽或螺丝刀本身。 （ ）

四、请写出下列图中各种螺丝刀的名称

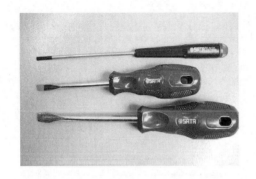

名称：_____

名称：_____

名称：_____

名称：_____

名称：_____

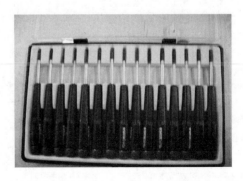

名称：_____

名称:_____

五、简答题

1. 简述普通螺丝刀的使用方法及注意事项。

2. 简述冲击螺丝刀的使用方法。

项目七　手锤及其他工具的认知与使用

学习目标

完成本项目学习后,你应能:
1. 对照实物说出锤子、錾子、冲子、铜棒、撬棒、刮刀、毛刷的名称及用途;
2. 根据用途正确选用锤子、錾子、冲子、铜棒、撬棒、刮刀、毛刷;
3. 正确地使用锤子。

建议学时
2 学时。

汽车维修常用的工具,除扳手、套筒、钳子、螺丝刀几大类外,还有一些种类相对较少但常用的工具,如锤子、錾子、冲子、铜棒、撬棒、刮刀、毛刷等。

一、锤子

(一) 锤子概述

锤子也称榔头或手锤,属于锤击类工具,主要用于锤击錾子、冲子等工具或用来敲击工件,使工件变形,产生位移、振动,从而达到校正、整形等目的。锤子按锤头形状不同可分为圆头锤、方锤、钣金锤等,按锤头材料不同可分为铁锤、软面锤(木锤、橡胶锤、塑料锤)等,按照质量划分规格,常用的有 0.25kg、0.5kg 和 1kg 等。

(二) 锤子种类

1. 铁锤

铁锤锤头的材料多由碳素工具钢锻制而成,在汽车维修中经常用到的铁锤有圆头锤、方锤、钣金锤等。

圆头锤是最常用的一种锤子,它一头为平头,另一头为圆头。平头用来锤击冲子和錾子等工具,而圆头用来铆接和锤击垫片,如图 7-1 所示。

方锤又称大锤,制造材料为高碳钢,主要用于重型击打,在汽车维修中并不常用,如图 7-2 所示。

钣金锤头部为楔形,主要用于钣金整形或圆头锤不便接近的角落,如图 7-3 所示。

图 7-1　圆头锤

图 7-2 方锤　　　　　图 7-3 钣金锤

2. 软面锤

软面锤主要用来击打不允许留下痕迹或易损坏的部位。根据软面锤头部使用材料的不同,可分为橡胶锤、塑料锤和木锤,如图 7-4 所示。很多软面锤为增加惯性在内部装有铅或铜等金属。

a)木锤　　　　　b)橡胶锤　　　　　c)塑料锤

图 7-4 软面锤

软面锤主要应用在汽车装配过程中,用于敲击零部件,从而使零部件之间形成更好的配合。

(三) 锤子使用方法

1. 锤子的握法

(1) 紧握法:右手5个手指紧握锤柄,大拇指合在食指上,虎口对准锤头方向(木柄椭圆的长轴方向),木柄尾端露出 15～30mm。在敲击和挥锤过程中,5 指始终紧握锤柄,如图 7-5a)所示。

a)紧握法　　　　　　　　　　　　b)松握法

图 7-5 锤子的握法

(2)松握法：只有大拇指和食指始终握紧锤柄,其余3指在挥锤时,按小指、无名指、中指顺序依次放松；在敲击时,又以相反的次序收拢握紧,这种方法的优点是手不易疲劳,且产生的敲击力较大,如图7-5b)所示。

手握锤柄的位置不要太靠近锤头,而要尽量靠近手柄的末端,因为这样打击时才会更省力、更灵活。

2. 挥锤方法

在实际操作中,根据对加工工件锤击力量的不同要求,挥锤方法有3种,如图7-6所示。

a)腕挥　　　　　　　　　b)肘挥　　　　　　　　　c)臂挥

图7-6　挥锤方法

(1)腕挥：挥锤时仅用手腕的动作来进行锤击运动,捶击力小。腕挥采用紧握法握锤,一般应用于需求锤击力较小的加工工作。

(2)肘挥：挥锤时手腕与肘部一起挥动完成锤击运动,敲击力较大。肘挥采用松握法握锤,这是一种常用的挥锤方法。

(3)臂挥：挥锤时腕、肘和臂联合动作,锤头要过耳背,锤击力最大。它适用于需要大锤击力的工作。这种方法费力大,较难掌握,但只要掌握了臂挥,其他2种方法也就容易掌握了。

3. 使用注意事项

(1)使用前要保证锤面及手柄上无油污,以防止在使用过程中锤子自手中滑脱,造成伤人损物的事故。

(2)使用前要检查手柄安装是否牢固,有无开裂现象,以防锤头脱出造成事故。如锤头松动,可用楔子塞牢,如手柄开裂或断裂,应立即更换新手柄,禁止继续使用。

(3)使用锤子时,眼睛要注视工作物,锤头面要和工作面平行,以确保锤面平整地打在工件上,不得歪斜,避免破坏工件表面形状,也防止锤子击偏,造成人员受伤和设备损坏。

(4)严禁使用外表已损坏了的锤子,因为击打时,锤子上的金属可能会飞出并造成事故。使用锤子锤击錾子、冲子等工具时,一定要带防护眼镜。

(5)严禁使用铁锤直接锤击配合表面及易损部位,因为铁锤会损坏低硬度材料制成的部件,例如铝制外壳或汽缸盖等,如图7-7所示。

图7-7　铁锤使用注意事项

二、錾、冲类工具

(一) 錾子

1. 錾子用途

錾子是錾削用到的主要工具,它配合手锤一起使用,一般由工具钢锻制,其刃部经刃磨和热处理而成。用锤子锤击錾子对金属进行切削加工的操作叫錾削,又称齿削。在汽车维修工作中,錾子主要用于剔下不能拆卸的旧螺栓,如图7-8所示。

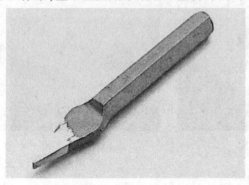

图7-8 錾子

2. 錾子的类型及用途

常见的錾子有扁錾、狭錾、油槽錾和扁冲錾等。扁錾用于錾削平面,切割和去除毛刺;狭錾用于开槽;油槽錾用于錾削润滑油槽;扁冲錾用于打通两个钻孔之间的间隔。

3. 錾子的使用

錾子的握法随錾削工件不同而不同,一般有3种握法,如图7-9所示。

a)正握法　　　　　　　b)反握法　　　　　　　c)立握法

图7-9 錾子的握法

(1)正握法:手的腕部伸直,拇指和食指自然接触,松紧适当,用中指、无名指握住錾子,小指自然合拢,錾子头部伸出约20mm。这种握法适合于錾削平面。

(2)反握法:手心向上,左手拇指、中指握住錾子,食指抵住錾身,无名指、中指自然接触。这种握法适合于錾削小平面和侧面。

(3)立握法:左手拇指与食指捏住錾子,中指、无名指和小指轻轻扶持錾子。这种握法适合于垂直錾削,如在铁砧上錾断材料等。

4. 錾子使用注意事项

錾子使用时要握稳握平,使用锤子锤击时,防止锤子击在手上,造成人身伤害。錾削将要完工时,应轻轻敲击锤子,以免阻力突然消失时手及錾子冲出去,碰在工件上把手划破。

(二)冲子

冲子俗称冲头,如图7-10所示,主要用来冲出铆钉和销子,也可用来标示钻孔的位置及标注记号等。常见的冲子种类有中心冲、销冲、数字号码冲、空心冲等。它们的结构不同,作用也大不一样。

1. 中心冲

中心冲主要用于标示要钻孔的位置及导向,一端用软材料做成,另一端比空心冲更尖锐,用硬度大的高碳钢制成。中心冲也可用于零件拆卸前对其标注记号,通过对拆下的零件标示记号,防止安装时造成装配错误,例如对曲轴轴承盖制作标记,如图7-11所示。

图7-10 冲子

2. 销冲

销冲有各种不同的直径,可用来冲出铆钉或销钉,销冲的头部为圆柱体,柄部为六角形或圆形。在汽车维修工作中,常用的销冲头部直径范围为3～12mm。如果使用锥冲取销子,则会越冲越紧,一定要选择合适尺寸的销冲,如图7-12所示。

图7-11 中心冲

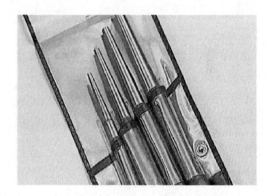

图7-12 销冲

3. 数字号码冲

发动机缸体上的数字、字母通常采用数字号码冲冲出。它的使用和其他所有冲子的使用方法一样,冲头平面应和待冲表面平行放置,不能有夹角,而且锤子应垂直平击冲头,如图7-13所示。

4. 空心冲

空心冲最适于在薄钢板、塑料板、皮革以及垫圈上冲孔,但它只能冲软材料,冲头应保持锋利,用钝的冲头可能会把材料冲坏。在汽车维修工作中经常用空心冲制作密封垫,如图7-14所示。

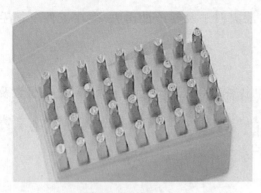

图 7-13　数字号码冲

图 7-14　空心冲

三、黄铜棒及撬棒

（一）黄铜棒

黄铜棒是使用锤子时常用的辅助工具。黄铜棒用于协助锤子敲击不允许直接锤击工件表面的工件，是防止锤子损坏零件的支撑工具。

黄铜棒由黄铜制成，因为黄铜是低硬度材料，在零件还未变形前黄铜就已先变形。使用时一手握铜棒，将其一端置于工件表面，另一手用锤子锤击铜棒另一端，如图 7-15 所示。

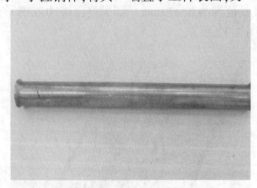

图 7-15　黄铜棒

（二）撬棒

撬棒也称撬棍，作用是将过重的物体撬起并移动，或将配合过紧的两工件撬动分离。根据棍身的形状不同分为六棱棍、圆棍和扁撬。扁撬有长短厚度之分，大部分作为补胎工具使用，根据两端形状的不同分为一头扁一头尖、一头扁一头方、两头扁等类型，如图 7-16 所示。

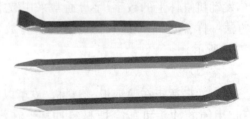

图 7-16　撬棍

四、清洁类工具

(一)刮刀

刮刀是刮削工艺的主要工具。根据刮削的工件表面不同,刮刀可分为平面刮刀和曲面刮刀两大类。

平面刮刀主要用于刮削平面。现代汽车维修中使用最多的平面刮刀为密封垫刮刀,用于清除零件结合面上的旧垫子及密封胶等杂物。密封垫刮刀形状类似于錾子,但它的刀刃硬度高,可清除零件结合面上的垫子及密封胶等杂物,却不会损坏到零件的密封面,如图7-17所示。

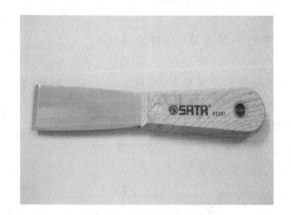 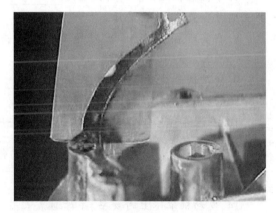

图7-17　刮刀

(二)毛刷

毛刷用来清除零件表面的污迹,清除蓄电池柱头的氧化物及车身底盘的积垢等。使用毛刷时注意不要触碰比较精密的配合面及汽车的装饰表面,否则可能损坏表面,如图7-18所示。

图7-18　毛刷

工量具认知与使用

思考与练习

一、填空题

1. 锤子也称榔头或_____，属于捶击类工具。
2. 锤子按锤头形状不同可分为_____、_____、_____等。
3. 锤子按照_____划分规格，常用的有0.25kg、_____和_____等。
4. 圆头锤平头用来锤击冲子和錾子等工具，而圆头用来_____和锤击_____。
5. 根据软面锤头部使用材料的不同，可分为_____、_____和木锤。
6. 锤子的握法分为_____和_____两种。
7. 手握锤柄的位置不要太靠近_____，而要尽量靠近手柄的_____，因为这样打击时才会更省力、更灵活。
8. 在实际操作中，根据对加工工件锤击力量的不同要求，挥锤方法有_____、_____、_____三种。
9. 使用锤子前要检查手柄安装是否_____，有无开裂现象，以防_____脱出造成事故。
10. 在汽车维修工作中，_____主要用于别下不能拆卸的旧螺栓。
11. 常见的錾子有_____、_____、_____和_____等。
12. 錾子的握法有_____、_____、_____三种。
13. 常见冲子的种类有中心冲、_____、_____、_____等。
14. 发动机缸体上的数字、字母通常采用_____冲出。
15. 销冲的头部为_____，柄部为_____，也有圆形的。
16. 中心冲用于零件拆卸前对其_____，防止安装时造成装配错误。
17. 黄铜棒是使用_____时常用的辅助工具。

二、选择题

1. (　　)是最常用的一种锤子，它一头为平头，另一头为圆头。
   A. 方锤　　　　B. 圆头锤　　　　C. 钣金锤　　　　D. 木锤

2. (　　)又称大锤，制造材料为高碳钢，主要用于重型击打，在汽车维修中并不常用。
   A. 方锤　　　　B. 圆头锤　　　　C. 钣金锤　　　　D. 软面锤

3. (　　)头部为楔形，主要用于钣金整形或圆头锤不便接近的角落。
   A. 方锤　　　　B. 圆头锤　　　　C. 钣金锤　　　　D. 木锤

4. (　　)主要应用在汽车装配过程中，用于敲击零部件，从而使零件之间形成更好的配合。
   A. 软面锤　　　B. 圆头锤　　　　C. 钣金锤　　　　D. 铁锤

5. (　　)挥锤时仅用手腕的动作来进行锤击运动，锤击力小。
   A. 臂挥　　　　B. 肘挥　　　　　C. 腕挥　　　　　D. 手挥

6. (　　)挥锤时手腕与肘部一起挥动完成锤击运动，敲击力较大。
   A. 臂挥　　　　B. 肘挥　　　　　C. 腕挥　　　　　D. 手挥

7. (　　)挥锤时腕、肘和臂联合动作，锤头要过耳背，锤击力最大。它适用于需要大锤击力的工作。

A. 臂挥　　　　　B. 肘挥　　　　　C. 腕挥　　　　　D. 手挥

8. (　　)是錾削用到的主要工具,它配合手锤一起使用,一般由工具钢锻制,其刃部经刃磨和热处理而成。

A. 刮刀　　　　　B. 冲子　　　　　C. 铜棒　　　　　D. 錾子

9. (　　)主要用于标示要钻孔的位置及导向,一端用软材料做成,另一端比空心冲更尖锐,用硬度大的高碳钢制成。

A. 数字号码冲　　B. 销冲　　　　　C. 空心冲　　　　D. 中心冲

10. (　　)有各种不同的直径,可用来冲出铆钉或销钉。

A. 数字号码冲　　B. 销冲　　　　　C. 空心冲　　　　D. 中心冲

11. (　　)最适于在薄钢板、塑料板、皮革以及垫圈上冲孔,但它只能冲软材料。

A. 数字号码冲　　B. 销冲　　　　　C. 空心冲　　　　D. 中心冲

12. (　　)用于协助锤子敲击不允许直接锤击工件表面的工件,是防止锤子损坏零件的支撑工具。

A. 撬棒　　　　　B. 冲子　　　　　C. 铜棒　　　　　D. 錾子

13. (　　)的作用是将过重的物体撬起并移动,或将配合过紧的两工件撬动分离。

A. 刮刀　　　　　B. 撬棒　　　　　C. 铜棒　　　　　D. 錾子

14. (　　)用于清除零件结合面上的旧垫子及密封胶等杂物。

A. 刮刀　　　　　B. 冲子　　　　　C. 铜棒　　　　　D. 錾子

三、判断题

1. 很多软面锤为增加惯性在内部装有铅或铜等金属。　　　　　　　　　　(　　)
2. 软面锤主要用来击打不允许留下痕迹或易损坏的部位。　　　　　　　　(　　)
3. 肘挥一般采用紧握法握锤,一般应用于需求锤击力较小的加工工作。　　(　　)
4. 腕挥一般采用松握法握锤,这是一种常用的挥锤方法。　　　　　　　　(　　)
5. 使用锤子前要保证锤面及手柄上无油污,以防止在使用过程中锤子自手中滑脱,造成伤人损物的事故。　　　　　　　　　　　　　　　　　　　　　　　(　　)
6. 使用锤子时,眼睛要注视工作物,锤头面要和工作面平行,以确保锤面平整地打在工件上,不得歪斜,避免破坏工件表面形状,也防止锤子击偏,造成人员受伤和设备损坏。
　　　　　　　　　　　　　　　　　　　　　　　　　　　　　　　　　　(　　)
7. 使用锤子锤击錾子、冲子等工具时,一般不用带防护眼镜。　　　　　　(　　)
8. 扁錾用于打通两个钻孔之间的间隔。　　　　　　　　　　　　　　　　(　　)
9. 錾削将要完工时,应轻轻敲击锤子,以免阻力突然消失时手及錾子冲出去,碰在工件上把手划破。　　　　　　　　　　　　　　　　　　　　　　　　　(　　)
10. 在汽车维修工作中经常用空心冲制作密封垫。
11. 黄铜棒由黄铜制成,因为黄铜是低硬度材料,在零件还未变形前黄铜就已先变形。
　　　　　　　　　　　　　　　　　　　　　　　　　　　　　　　　　　(　　)
12. 使用毛刷时注意不要触碰比较精密的配合面及汽车的装饰表面,否则可能损坏表面。　　　　　　　　　　　　　　　　　　　　　　　　　　　　　　　(　　)

四、请写出下列图中各种工具的名称

名称：_____

名称：_____

名称：_____

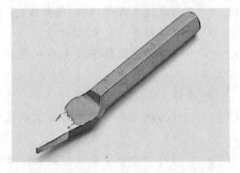

名称：_____

名称：_____

名称：_____

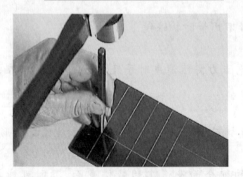

名称：_____

名称：_____

名称：_____

名称：_____

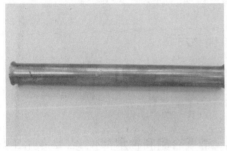

名称：_____

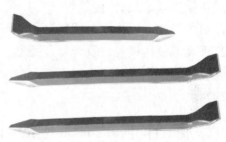

名称：_____

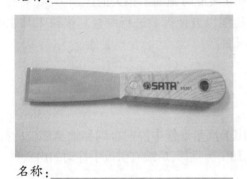

名称：_____

名称：_____

五、简答题

1. 简述锤子的作用。

2. 简述錾子的类型及用途。

3. 简述冲子的类型及用途。

4. 简述锤子的使用方法及注意事项。

项目八　拉压工具的认知与使用

学习目标

完成本项目学习后,你应能:
1. 对照实物说出拔拉器、弹簧压缩器的名称及用途;
2. 正确地使用拔拉器及弹簧压缩器。

建议学时
2 学时。

在汽车维修过程中,需要用到一些拉压工具。静配合副和轴承部位,需要专用工具进行拔拉拆卸。而对于含有弹簧的相关零部件,汽车在装配时施加了很大的压缩力,在对此类部件进行拆装检修时,首先需要对弹簧本身进行压缩以方便拆装进行维修。拔拉工具主要是拔拉器,弹簧压缩器有气门弹簧钳和减振弹簧压缩器。

一、拔拉器

(一)结构及用途

拔拉器也称拉卸器或扒马,俗称扒子,主要用于汽车维修中静配合副和轴承部位的拆装。拔拉器的结构由拉臂和中心螺杆组成,螺杆前端加工为锥形,后端有供扳手拧动的内六角。

(二)拔拉器类型及选用

常见的拔拉器有两爪和三爪两种类型。三爪拔拉器的三根拉臂互为120°错开,两爪拔拉器的两根拉臂与螺杆在同一平面内,如图8-1所示。

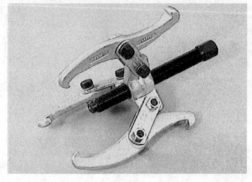
a)三爪拔拉器

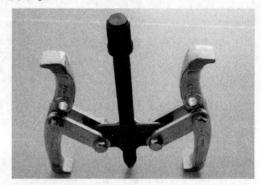
b)两爪拔拉器

图8-1　拔拉器类型

使用拔拉器拆卸不会破坏工件配合性质和工作表面,如拆卸曲轴皮带轮、齿轮等零件应选用三爪拔拉器,而拆卸轴承等零件最好使用两爪拔拉器。使用拔拉器时,还要视拆卸对象选用适合尺寸和拉力限制范围的拔拉器。

(三)拔拉器使用

使用拔拉器时,拉臂能抓住所要拆卸的部件,使用扳手旋进中心螺杆,随着中心螺杆的旋入,拉臂上就会产生很大的拉力,直到把部件拆下,如图8-2所示。

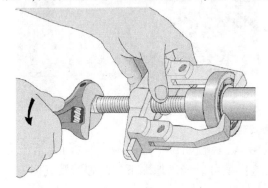

图8-2 拔拉器使用

操作拔拉器时,手柄转动要均匀,拉爪装夹要平衡,不要歪斜,不要硬拉;另外,拆卸轴承时,两侧的拉臂尖应钩在轴承内圈平面上,若钩在外圈会使轴承损坏。

二、气门弹簧钳

(一)气门弹簧钳的作用及结构

气门弹簧钳是专门用于拆装气门的专用工具。在安装发动机气门时,气门弹簧处于预压缩状态,如图8-3所示。要想拆卸气门或气门锁片,必须对气门弹簧进行压缩。

图8-3 气门

气门弹簧钳的组成零部件包括手柄、蜗轮蜗杆、压头、凸台、支架。在日常维修中,气门弹簧钳用于拆卸发动机气门机构的维修工作,如图8-4所示。

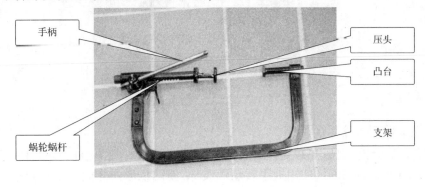

图8-4 气门弹簧钳

(二)气门弹簧钳的使用

使用气门弹簧钳时将凸台顶住气门头部,压头贴住气门弹簧座,然后下压手柄带动压头和气门弹簧下行,使锁片脱落在压头的凹槽内,如图8-5所示。

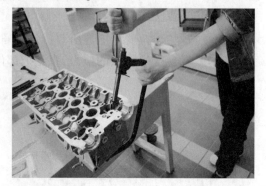

图8-5 气门弹簧钳使用

使用磁棒取出气门锁片后,解除压头的锁止装置,轻轻回位下压手柄,使气门弹簧压力释放,这样就可以轻松地取下气门弹簧及气门。

图8-6 减振器弹簧

三、减振弹簧压缩器

(一)作用及结构

减振器在装配时,向减振弹簧施加了很大的压缩力,如图8-6所示。要想更换减振阻尼器,必须拆卸减振器弹簧,但拆卸减振器弹簧则必须使用专用工具对弹簧进行压缩。

减振弹簧压缩器的组成零部件包括螺纹杆、螺母、爪形勾。在日常维修中,减振弹簧压缩器用于拆卸减振器、更换弹簧胶垫等相关的悬架系统维修工作,如图8-7所示。

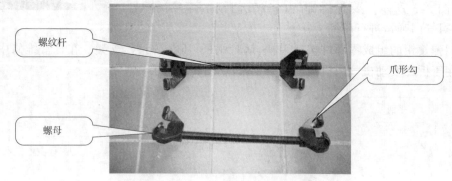

图8-7 减振弹簧压缩器

(二)减振弹簧压缩器的使用

将减振弹簧压缩器对置于螺旋弹簧的两端,保证两螺纹杆间隔180°对置,使爪形勾固定于弹簧上。爪形勾固定好后,使用扳手转动螺纹杆,使两爪形勾之间的距离变短,这样就可以将螺旋弹簧进行压缩,如图8-8所示。

图 8-8 减振弹簧压缩器使用

压缩螺旋弹簧时,一定要保证两根螺旋杆的压缩程度相同,防止滑脱造成安全事故。一定要保证爪形勾牢牢地固定住弹簧,如果爪形弹簧在操作中弹开,将会造成严重后果,甚至对操作者的生命安全构成威胁。

思考与练习

一、填空题

1. 对于含有_____的相关零部件,汽车在装配时施加了很大的压缩力,在对此类部件进行拆装检修时,首先需要对弹簧本身进行_____以方便拆装进行维修。
2. 在现代汽车维修中,弹簧压缩器一般有_____和_____两种。
3. 拔拉器也称拉卸器或_____,俗称扒子。
4. 常见的拔拉器有_____和_____两种类型。
5. 如拆卸曲轴皮带轮、齿轮等零件应选用_____,而拆卸轴承等零件最好使用_____。
6. 气门弹簧钳的组成零部件包括手柄、_____、压头、_____、支架。
7. 气门弹簧钳是专门用于拆装_____的专用工具。
8. 使用气门弹簧钳时将凸台顶住_____,压头贴住_____,然后下压_____带动压头和气门弹簧下行,使锁片脱落在压头的凹槽内。
9. 拆卸减振器弹簧则必须使用专用工具对弹簧进行_____。
10. 使用拔拉器时,还要视拆卸对象选用适合_____和_____限制范围的拔拉器。
11. 使用拔拉器时,_____抓住所要拆卸的部件,使用_____旋进中心螺杆,随着中心螺杆的旋入,拉臂上就会产生很大的拉力,直到把部件拆下。
12. 减振弹簧压缩器的组成零部件包括_____、螺母、_____。在日常维修中,用于_____、更换弹簧胶垫等相关的悬架系统维修工作。
13. 减振弹簧压缩器爪形勾固定好后,使用_____转动螺纹杆,使两爪形勾之间的距离_____,这样就可以将螺旋弹簧进行压缩。

二、判断题

1. 拔拉器主要用于汽车维修中静配合副和轴承部位的拆装。( )
2. 三爪拔拉器的三根拉臂互为90°错开。( )
3. 使用拔拉器拆卸轴承时,两侧的拉臂尖应钩在轴承外圈平面上。( )
4. 可以在不对气门弹簧进行压缩的条件下拆卸气门或气门锁片。( )

5. 使用拔拉器拆卸容易破坏工件配合性质和工作表面。（   ）
6. 拔拉器的结构由拉臂和中心螺杆组成，螺杆前端加工为锥形，后端有供扳手拧动的内六角。（   ）
7. 解除气门弹簧钳压头的锁止装置，轻轻回位下压手柄，可以使气门弹簧压力释放。（   ）
8. 减振器在装配时，向减振弹簧施加了很大的压缩力，要想更换减振阻尼器，必须拆卸减振器弹簧。（   ）
9. 两爪拔拉器的两根拉臂与螺杆在同一平面内。（   ）
10. 操作拔拉器时，手柄转动要均匀，拉爪装夹要平衡，不要歪斜，不要硬拉。（   ）
11. 将减振弹簧压缩器对置于螺旋弹簧的两端，保证两螺纹杆间隔120°对置，使爪形勾固定于弹簧上。（   ）
12. 在使用减振弹簧压缩器压缩螺旋弹簧时，两根螺旋杆的压缩程度可以不相同。（   ）

三、请写出下列图中各种工具的名称

名称：_____

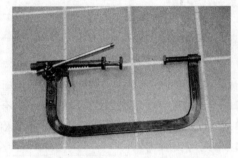

名称：_____

名称：_____

四、简答题

1. 简述拔拉器的使用方法及注意事项。

2. 简述气门弹簧钳的使用方法。

3. 简述减振弹簧压缩器的使用方法及注意事项。

项目九　活塞及活塞环拆装工具的认知与使用

> **学习目标**
>
> 完成本项目学习后,你应能:
> 　1. 对照实物说出活塞环装卸钳、活塞环压缩器的名称及用途;
> 　2. 正确使用活塞环装卸钳、活塞环压缩器。
>
> **建议学时**
> 　2学时。

在汽车发动机维修中,经常需要拆装活塞及活塞环,因活塞环的弹力作用,必须使用专用工具才能完成拆装,常用的专用工具是活塞环装卸钳和活塞环压缩器。

一、活塞环装卸钳

(一)活塞环装卸钳作用及结构

活塞环装卸钳主要用于从活塞环槽中取出或装入活塞环。活塞环镶放在活塞环槽内,如果想取出或装入,必须克服活塞环的弹力,使活塞环内径大于活塞直径,才能正常取出,如图9-1所示。

如果不使用活塞环装卸钳而直接手工拆卸,很容易由于用力不均把活塞环折断,所以拆卸活塞环时必须采用专用装卸钳。常用活塞环装卸钳的结构如图9-2所示。

图9-1　活塞及活塞环

图9-2　活塞环装卸钳

(二)活塞环装卸钳的使用

使用活塞环装卸钳时,用环卡卡住活塞环开口间隙,轻握手柄慢慢收缩,在杠杆力的作用下，活塞环会逐渐张开，当其略大于活塞直径时，便可将活塞环从环槽内装入或取出，如图9-3所示。

图9-3 拆卸活塞环

使用时，活塞环要与钳面紧贴，手柄要轻握；张开活塞环时，不可用力过猛，以防滑脱；同时，张开开口不宜过大，以防折断活塞环，如图9-4所示。

图9-4 活塞环拆装注意事项

二、活塞环压缩器

(一) 活塞环压缩器作用及类型

如果想将活塞及活塞环装入汽缸，必须使用活塞环压缩器将活塞环包紧在活塞环槽内，因为活塞环本身具有弹性，其在自由状态下的外圆直径将大于活塞直径及汽缸直径，如图9-5所示。

活塞环压缩器有锥形管状式、半包围式、扳手收拢式三种类型。

锥形管状式活塞环压缩器，其形状为锥形管状体，将装好活塞环的活塞及连杆放入压环器内，由于锥形结构将使活塞环自动压入活塞内，活塞连杆组就能很容易地进入汽缸了。但这种类型的活塞环压缩器尺寸是固定的，只能用于同一尺寸的活塞，选用时要根据活塞的直径选择合适型号的压缩器，现在只应用于少数维修车型比较单一的4S店，如图9-6所示。

图9-5 活塞与汽缸　　　　　　　　图9-6 锥形管状式活塞环压缩器

半包围式活塞环压缩器,压缩器不能全部包围活塞环。它由一个卡箍和一个钳子结合而成,通过钳子的合闭来带动卡箍的收拢。但由于钳子开口的有限性,该种压缩器只能适应一部分尺寸的活塞,同时因为卡箍有开口,不能全部均匀包裹活塞环,安装效果不理想,易损坏活塞环。因此这种活塞环压缩器也很少被使用,如图9-7所示。

扳手收拢式活塞环压缩器,由卡箍和一个内四角扳手组成。卡箍一般用带有刚性的铁皮制成,用来包裹住活塞环,内四角扳手用来转动卡箍上的收紧器,实现卡箍的收紧,从而使活塞环压缩,如图9-8所示。

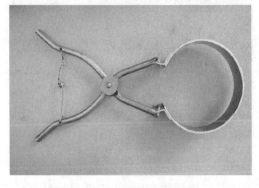

图9-7 半包围式活塞环压缩器

图9-8 扳手收拢式活塞环压缩器

由于卡箍是由较长的铁皮制成,它能在很大范围内实现卡箍直径的变化,能适应所有尺寸类型的活塞及发动机,因此这种类型的活塞环压缩器被普遍使用。

(二)活塞环压缩器的使用

安装活塞环之前,应按原厂规定检查每个环的弹力、漏光度和各项间隙是否符合标准。安装时,要在活塞及活塞环四周涂好机油,按照要求进行装配,注意活塞环的正反方向等事项,如图9-9所示。

安装活塞环时,应将各环口位置正确地分布后,用活塞环装卸钳将活塞环装入活塞环槽内,所有活塞环装好后,将活塞环压缩器包裹在活塞的外面,然后使用配套扳手转动收紧器,使卡箍收紧,将活塞环压入环槽内。收紧时,注意防止活塞环环口随压缩器的旋转而改变位置,如图9-10所示。

图9-9 活塞环检查

图9-10 活塞环压缩

将带压缩器的活塞下部放入汽缸内，并保证压缩器的下平面和汽缸体的上平面贴合好，若卡箍未完全与缸体平面紧贴，则使用锤子对卡箍另一端轻轻敲击，使其贴合好，如图9-11所示。

使用木棒等工具锤击活塞顶部，使活塞顺利进入汽缸内。严禁使用金属棒锤击活塞顶部，防止对活塞造成损伤，如图9-12所示。

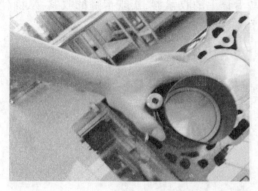

图9-11　压缩器贴紧

图9-12　锤击活塞

注意在锤击时，要保证压缩器的下平面和汽缸体的平面始终紧贴，否则会导致活塞移动过程中，活塞环弹出。一旦活塞环弹出，应停止锤击，重新取下压缩器把活塞环压入活塞环槽内，重新装配，否则继续锤击会使活塞环折断。

思考与练习

一、填空题

1. 活塞环镶放在＿＿＿＿内，如果想取出或装入，必须克服活塞环的＿＿＿＿，使活塞环内径＿＿＿＿活塞直径，才能正常取出。

2. ＿＿＿＿主要用于从活塞环槽中取出或装入活塞环。

3. 使用活塞环装卸钳时，用环卡卡住活塞环＿＿＿＿，轻握手柄慢慢＿＿＿＿，在杠杆力的作用下，活塞环会逐渐＿＿＿＿，当其略＿＿＿＿活塞直径时，便可将活塞环从环槽内装入或＿＿＿＿。

4. 使用活塞环装卸钳时，活塞环要与钳面＿＿＿＿，手柄要轻握。

5. 张开活塞环时，不可用力过猛，以防＿＿＿＿。

6. 如果想将活塞及活塞环装入汽缸，必须使用＿＿＿＿将活塞环包紧在活塞环槽内。

7. 活塞环在自由状态下的外圆直径＿＿＿＿气缸直径。（填"大于"或"小于"）

8. 活塞环压缩器，有＿＿＿＿、＿＿＿＿、＿＿＿＿三种类型。

9. 锥形管状式活塞环压缩器尺寸是＿＿＿＿的，只能用于＿＿＿＿尺寸的活塞。

10. 半包围式活塞环压缩器，由一个＿＿＿＿和一个＿＿＿＿结合而成，通过＿＿＿＿的合闭来带动＿＿＿＿的收拢。

11. 半包围式活塞环压缩器只能适应_____尺寸的活塞。

12. 扳手收拢式活塞环压缩器,由_____和一个_____组成。

13. 扳手收拢式活塞环压缩器,卡箍一般用带有刚性的铁皮制成,用来_____活塞环,_____用来转动卡箍上的收紧器,实现卡箍的收紧,从而使活塞环_____。

14. 将带压缩器的活塞下部放入_____内,并保证_____的下平面和_____的上平面贴合好,若卡箍未完全与缸体平面紧贴,则使用锤子对卡箍另一端轻轻_____,使其贴合好。

15. 装配活塞时,一旦活塞环弹出,应停止_____,重新取下压缩器把活塞环压入_____内,重新装配,否则继续锤击会使活塞环_____。

二、判断题

1. 如果不使用活塞环装卸钳而直接手工拆卸,很容易由于用力不均把活塞环折断,所以拆卸活塞环时必须采用专用装卸钳。（　　）

2. 在自由状态下,活塞环外圆直径等于活塞直径。（　　）

3. 在自由状态下,活塞环内圆直径等于活塞直径。（　　）

4. 使用活塞环装卸钳时,开口应尽量张大。（　　）

5. 锥形管状式活塞环压缩器普遍应用于各4S店。（　　）

6. 半包围式活塞环压缩器,压缩器可以全部包围活塞环。（　　）

7. 半包围式活塞环压缩器,因安装效果不理想,现在汽车维修中也很少使用。（　　）

8. 扳手收拢式活塞环压缩器被普遍使用。（　　）

9. 安装活塞环之前,应按原厂规定检查每个环的弹力、漏光度和各项间隙是否符合标准。（　　）

10. 安装活塞环时,应将各环口位置正确地分布。（　　）

11. 装配活塞时,箍紧活塞环后,使用金属棒等工具锤击活塞顶部。（　　）

三、请写出下列图中各种工具或部件的名称

称:_____　　　　　名称:_____

名称:_____　　　　名称:_____

四、简答题

1. 简述活塞环装卸钳的使用方法及注意事项。

2. 简述活塞环压缩器的使用方法及注意事项。

项目十　量具的总体认知

学习目标

完成本项目学习后,你应能:
1. 说出量具的分类并正确选择汽车常用量具;
2. 识别汽车维修中常用量具的名称及规格;
3. 学会汽车维修过程中常用量具的日常维护保管方法。

建议学时
2学时。

一、量具概述

在生产过程中,用来测量各种工件的尺寸、角度和形状的工具称为量具。

(一) 量具分类

量具按其用途可分为三大类:标准量具、通用量具和专用量具。

标准量具:指用作测量或检定标准的量具。如量块、多面棱体、表面粗糙度比较样块等。

通用量具(或称万能量具):一般指由量具厂统一制造的通用性量具。如直尺、平板、角度块、卡尺等。

专用量具(或称非标量具):指专门为检测工件某一技术参数而设计制造的量具。如内外沟槽卡尺、钢丝绳卡尺、步距规等。

(二) 量具的选择

量具的使用是根据量具的具体用途和被测物件的具体形状、尺寸大小及测量精度确定的。标准量具用作测量或检定标准,通用量具(或称万能量具)用作一般性物件尺寸测量,专用量具(或称非标量具)用作工件某一技术参数检测。在汽车维修检测中我们所选择使用的量具主要是通用量具,用于检测汽车各零部件表面平整度、形状大小或配合类间隙尺寸,具体应根据汽车零部件实际现状、结构进行选用。

二、常用量具

(一) 常用量具的分类

汽车维修常用的量具种类很多,其用途、结构和使用方法也各不相同,一般分为标准量具、通用量具、专用量具三类。由于汽车维修部件不同,有的接触和使用的量具较多,而有的较少。本项目将重点介绍 10 种常用量具,包括:钢直尺、直角尺、厚薄规、钢卷尺、游标卡尺、深度游标卡尺、外径千分尺、内径千分尺、百分表、量缸表等。其分类如下:

(1)游标类:游标卡尺、深度游标卡尺;

(2)微分类:外径千分尺、微米千分尺、内径千分尺;

(3)表类:百分表、千分表、内径百分表;

(4)一般性尺类:钢卷尺、直角尺、钢直尺、厚薄规。

(二)常用量具的选用

常用量具选用的基本原则如下:

(1)根据量具的极限误差选择量具;

(2)在保证测量精度的前提下,应选择比较经济的量具;

(3)根据被测件的大小、形状、公差、质量、硬度、刚度和表面粗糙度等选择相应的量具;

(4)根据被测件所处的状态及其测量条件选择相应的量具;

(5)根据工件的加工方法、批量和数量选择相应的量具。

(三)常用量具在汽车检修中的应用

1. 钢直尺

钢直尺是最基本的测量工具,是用薄钢板制成的,它一般用于精度要求不高的测量,可以直接测量出工件的尺寸。在所有的测量工具中,钢直尺的精确度最差,如图 10-1 所示。

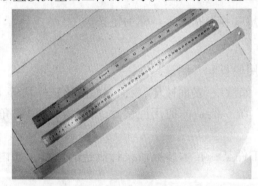

图 10-1 钢直尺

钢直尺一般用钢材或不锈钢材打造而成,长度分为 150mm、200mm、300mm 三种,最小刻度是 0.5mm。汽车修理厂使用 150mm 和 300mm 这两种型号的钢直尺较多。

测量时,钢直尺要放平、放正,刻度面朝上、朝外,不得前后、左右歪斜,否则,从尺上读得的数比被测得的实际尺寸大。

2. 直角尺

直角尺一般用来检查工件的内外角或对直角度研磨加工核算,不论何种形式的直角尺都是由一个短边和一个长边构成,图 10-2 是在平面板上用直角尺进行气门弹簧的倾斜度测试。

直角尺使用时,将尺座一面紧靠工件基准面,尺杆向工件另一面靠拢。观看尺杆与工件贴合处,其透过光线是否均匀:透过光线均匀,工件两邻面垂直;透过光线不均匀,两邻面不垂直,即不成直角。

图 10-2　直角尺

3. 厚薄规

厚薄规又称塞尺或间隙片,是一组淬硬的钢条或刀片,这些淬硬钢条或刀片被研磨或滚压成为精确的厚度,它们通常都是成套供应,如图 10-3 所示。在汽车维修工作中厚薄规主要用于测量气门间隙、触点间隙和一些接触面的平直度等。每条钢片标出了厚度(单位为 mm),它们可以单独使用,也可以将两片或多片组合在一起使用,以便获得所要求的厚度,最薄的一片可以达 0.02mm。常用厚薄规长度有 50mm、100mm、200mm 三种。

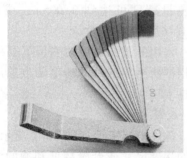

图 10-3　厚薄规

4. 钢卷尺

一般来讲,钢卷尺的刻度单位与钢直尺刻度单位相同,如图 10-4 所示。钢卷尺按其结构可分为自卷式卷尺和制动式卷尺两种。钢卷尺由一条薄的富有弹性的钢带制成,其整条钢带上刻有长度标志。钢带两边最小刻度为毫米(mm),总长度有 2m、3m、5m、10m、15m 等类型。钢卷尺常用来测量长度超过 1m 的零部件。

图 10-4　钢卷尺

5. 游标卡尺

游标卡尺又称四用游标卡尺，简称卡尺，是由刻度尺和卡尺制造而成的精密测量仪器，能够正确且简单地从事长度、外径、内径及深度的测量，如图 10-5 所示。在汽车维修工作中，0.02mm 精度的游标卡尺使用最多。游标卡尺根据最小刻度的不同分为 0.05mm 和 0.02mm 两种。若游标卡尺上有 50 个刻度，每刻度表示 0.02mm；若游标卡尺上有 20 个刻度，每刻度表示 0.05mm。

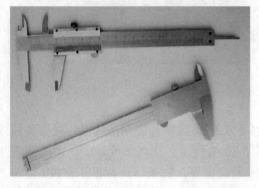 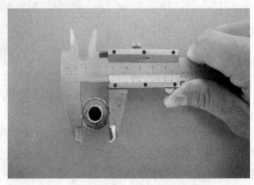

图 10-5 游标卡尺

图 10-6 数字式游标卡尺

有些游标卡尺使用电子读数显示小数部分，其测量精度可达到 0.005mm 或 0.001mm，如图 10-6 所示。

常用的游标卡尺的测量范围是 0～150mm，应根据所测零部件的精度要求选用合适规格的游标卡尺。

6. 深度游标卡尺

深度游标卡尺如图 10-7 所示，用于测量零件的深度尺寸或台阶高低和槽的深度。它的结构特点是尺框的两个量爪连成一起成为一个带游标测量基座，基座的端面和尺身的端面就是它的两个测量面。如测量内孔深度时应把基座的端面紧靠在被测孔的端面上，使尺身与被测孔的中心线平行，伸入尺身，则尺身端面至基座端面之间的距离，即是被测零件的深度尺寸。它的读数方法和游标卡尺完全一样。

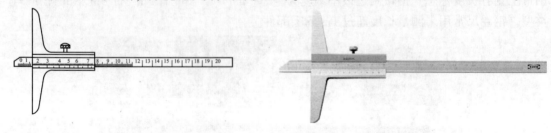

图 10-7 深度游标卡尺

7. 外径千分尺

千分尺也称为螺旋测微器，它是利用螺纹节距来测量长度的精密测量仪器，用于测量加工精度要求较高的零部件,汽车维修工作中一般使用可以测 1/100mm 的千分尺,其测量精度可达到 0.01mm。

外径千分尺是用于外径宽度测量的千分尺,测量范围一般为 0~25mm,如图 10-8 所示。根据所测零部件外径粗细程度,可选用测量范围为 0~25mm、25~50mm、50~75mm、75~100mm 等多种规格的外径千分尺。

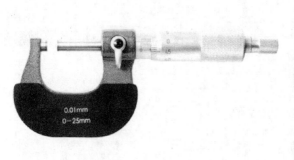

图 10-8 外径千分尺

外径千分尺的构造如图 10-9 所示,主要由测砧、测微螺杆、尺架、固定套筒、套管、棘轮旋钮及锁紧装置等部件组成。

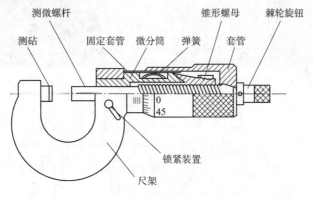

图 10-9 外径千分尺的结构

8. 内径千分尺

内径千分尺如图 10-10 所示,用于测量小尺寸内径和内侧面槽的宽度,其特点是容易找正内孔直径,测量方便。国产内径千分尺的读数值为 0.01mm,测量范围有 5~30mm 和 25~50mm 两种,如图 10-10 所示的是 5~30mm 的内径千分尺。内径千分尺的读数方法与外径千分尺相同,只是套筒上的刻线尺寸与外径千分尺相反,另外它的测量方向和读数方向也都与外径千分尺相反。

9. 百分表

百分表利用指针和刻度将心轴移动量放大来表示测量尺寸,主要用于测量工件的尺寸误差以及配合间隙,如图 10-11 所示。一般汽车修理厂采用最小刻度为 1/100mm 的百分表的居多。同时百分表可以和夹具配合使用。

百分表的测量头包括 4 种类型,如图 10-12 所示。

(1)长型,适合在有限空间中使用;
(2)辊子型,用于轮胎的凸面/凹面测量;
(3)杠杆型,用于测量不能直接接触的部件;
(4)平板型,用于测量活塞突出部分等。

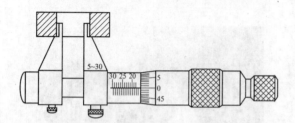 

图 10-10　内径千分尺

图 10-11　百分表

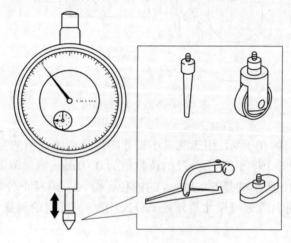

图 10-12　百分表测量头的类型

10. 量缸表

量缸表也叫内径百分表,是利用百分表制成的测量仪器,也是用于测量孔径的比较性测量工具,如图 10-13 所示。在汽车维修中,量缸表通常用于测量汽缸的磨耗量及内径。量缸表主要包括百分表、表杆、替换杆件和替换杆件紧固螺钉等。

图 10-13　量缸表

三、常用量具的维护保管

1. 钢直尺

使用钢直尺前应先检查钢直尺各部位有无损伤,不允许有影响使用性能的外观缺陷,例如碰弯、划痕、刻度断线或看不清刻度线等缺陷,如图 10-14 所示。

有悬挂孔的钢直尺,使用后必须用干净的棉丝擦干净,然后悬挂起来,使其自然下垂。如果没有悬挂孔,则将钢直尺擦净后平放在平板、平台或平尺上,防止其受压变形。如果较长时间不用,则应将钢直尺涂上防锈油。钢直尺的存放应选择温度低、湿度低的地点,如图 10-15 所示。

图 10-14　钢直尺的检查　　　　图 10-15　钢直尺的维护

2. 直角尺

注意避免在高温或潮湿的场所从事测量作业以及维护。由于钢制品容易生锈,在使用后一般应涂上一层凡士林或机油。

3. 厚薄规

由于厚薄规很薄,容易弯曲或折断,测量时不能用力太大。测量时应在结合面的全长上多处检查,取其最大值,即为两结合面的最大间隙量。测量后及时将测量片合到夹板中去,以免损伤各金属薄片。

厚薄规上不得有污垢、锈蚀及杂物;使用完毕后要将测量面擦拭干净,并涂油,如图 10-16 所示。

图 10-16　厚薄规的维护

4. 钢卷尺

使用自卷式或制动式卷尺时，拉出尺带不得用力过猛，而应徐徐拉出，用完后也应让尺带徐徐退回。对于制动式卷尺，应先按下制动按钮，然后徐徐拉出尺带，用完后按下制动按钮，尺带自动收卷。尺带自动收卷时，应防止尺带伤人。

5. 游标卡尺

游标卡尺是一种精密的测量工具，要获得很好的精度应小心轻放和妥善保存。测量前，应将游标卡尺清理干净，并将两量爪合并，检查游标卡尺的精度情况。在使用之后，应清除灰尘和杂物。读数时，要正对游标刻度，看准对齐的刻线，目光不能斜视，以减小读数误差。游标卡尺用完后，应清除污垢并涂上防锈油，将其放回盒子里并置于不受冲击及不易掉下的地方保存，如图 10-17 所示。

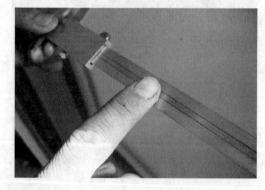

图 10-17　游标卡尺的维护

6. 千分尺

千分尺使用时应避免掉落地面或遭受撞击，如果不小心落地，应立刻检查并作适当处理。

严禁放置在污垢或灰尘很多的地点，并且要在使用完将测砧和测轴的测定面分离后再放置，如图 10-18 所示。

为防止生锈，使用后须立即擦拭并涂上一层防锈油。保存时应先放置于储存盒内，再置于湿度低、无振动的地方保存。

7. 百分表

（1）为防止生锈，使用后应立即擦拭并涂上一层防锈油；

（2）定期检查百分表的精密度；

（3）收藏时先将百分表放在工具盒内，再放置在湿度低、无振动的库房内。

图 10-18　外径千分尺的维护

思考与练习

一、填空题

1. 在生产过程中，用来测量各种工件的尺寸、角度和形状的工具称为_____。
2. 量具按其用途可分为三大类：_____、_____、_____。
3. 汽车维修常用量具可分为_____、_____、_____和一般性尺类四类。
4. 汽车维修的常用量具有：_____、_____、_____、_____、_____、_____、_____、_____、_____等。
5. _____是最基本的测量工具，是用薄钢板制成的，它一般用于精度要求_____的测量，可以直接测量出工件的尺寸。在所有的测量工具中，钢直尺的精确度最_____。
6. 直角尺一般用来检查工件的_____或_____研磨加工核算。
7. 厚薄规又称_____或_____，是一组淬硬的钢条或刀片，在汽车维修工作中主要用于_____、_____和一些接触面的平直度等。
8. 游标卡尺又称四用游标卡尺，简称_____，是由_____和_____制造而成的精密测量仪器，能够正确且简单地从事_____、_____、_____及_____的测量。
9. 若游标卡尺上有50个刻度，每刻度表示_____；若游标卡尺上有20个刻度，每刻度表示_____。
10. 千分尺也称为_____，它是利用螺纹节距来测量长度的精密测量仪器，汽车维修工作中一般使用可以测1/100mm的千分尺，其测量精度可达到_____。

二、选择题

1. 下列属于游标类的量具是（　　）。
   A. 钢卷尺　　　　B. 直角尺　　　　C. 游标卡尺　　　　D. 百分表
2. 下列属于微分类的量具是（　　）。
   A. 外径千分尺　　B. 游标卡尺　　　C. 厚薄规　　　　　D. 量缸表
3. 下列属于表类的量具是（　　）。
   A. 厚薄规　　　　B. 螺旋测微器　　C. 百分表　　　　　D. 深度游标卡尺

4. 下列属于其他类的量具是(　　)。
   A. 直角尺　　　　B. 游标卡尺　　　　C. 外径千分尺　　　　D. 量缸表

5. 下列不属于量具的选择原则是(　　)。
   A. 根据量具的极限误差选择量具
   B. 在保证测量精度的前提下,应选择比较经济的量具
   C. 根据被测件所处的状态及其测量条件,选择相应的量具
   D. 可根据自己的偏好随意选择量具

6. 钢直尺一般用钢材或不锈钢材打造而成,长度分为150mm、200mm、300mm三种,最小刻度是(　　)。
   A. 0.5mm　　　　B. 0.005mm　　　　C. 0.2mm　　　　D. 0.02mm

7. 测量时,钢直尺要放平、放正,刻度面朝上、朝外,不得前后、左右歪斜,否则,从尺上读得的数比被测得的实际尺寸(　　)。
   A. 小　　　　B. 大　　　　C. 一样　　　　D. 不确定

8. 直角尺使用时,将尺座一面紧靠工件基准面,尺杆向工件另一面靠拢。观看尺杆与工件贴合处,其透过光线是否均匀:透过光线(　　),工件两邻面(　　);透过光线(　　),两邻面(　　),即不成直角。
   A. 均匀;不垂直;不均匀;垂直
   B. 均匀;垂直;不均匀;垂直
   C. 不均匀;不垂直;均匀;垂直
   D. 均匀;垂直;不均匀;不垂直

9. 厚薄规最薄的一片可以达(　　)mm。
   A. 0.2　　　　B. 0.02　　　　C. 0.5　　　　D. 0.05

10. 国产内径百分尺的读数值为(　　)mm,测量范围有5～30mm和25～50mm的两种。
    A. 0.5　　　　B. 0.05　　　　C. 0.01　　　　D. 0.02

三、判断题

1. 钢直尺是最基本的测量工具,是用薄钢板制成的,在所有的测量工具中,钢直尺的精确度最差。(　　)

2. 钢直尺一般用钢材或不锈钢材打造而成,长度分为150mm、200mm、300mm三种,最小刻度是0.05mm。(　　)

3. 厚薄规又称塞尺或间隙片,每条钢片标出了厚度(单位为mm),它们可以单独使用,也可以将两片或多片组合在一起使用。(　　)

4. 一般来讲,钢卷尺的刻度单位与钢直尺刻度单位相同。钢卷尺按其结构可分为自卷式卷尺和制动式卷尺两种。(　　)

5. 常用的游标卡尺的测量范围是0～100mm,应根据所测零部件的精度要求选用合适规格的游标卡尺。(　　)

6. 使用钢直尺前应先检查钢直尺各部位有无损伤,允许有影响使用性能的外观缺陷,例如碰弯、划痕、刻度断线或看不清刻度线等缺陷。(　　)

7. 如果较长时间不用,则应将钢直尺涂上防锈油。存放应选择温度低、湿度低的地点。(　　)

8. 直角尺可以在高温或潮湿的场所从事测量作业以及维护。( )
9. 虽然厚薄规很薄,但其材料刚性强,测量时可以用较大的力。( )
10. 游标卡尺用完后,应清除污垢并涂上防锈油,将其放回盒子里并置于不受冲击及不易掉下的地方保存。( )

四、请写出下列图中各种量具的名称

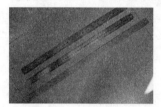

名称:_____

名称:_____

名称:_____

名称:_____

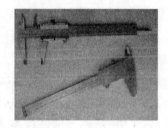

名称:_____

名称:_____

名称:_____

五、简答题

1. 简述常用量具的选择原则。

2. 简述常用量具的分类。

3. 汽车常用量具有哪些?

4. 简述百分表的日常维护方法。

项目十一　一般性尺类量具的认知与使用

学习目标

完成本项目学习后,你应能:
1. 说出工件尺寸、间隙大小测量的基本概念,会应用公式进行单位换算;
2. 正确使用钢直尺、直角尺、钢卷尺、厚薄规。

建议学时
2学时。

在生产中,为保证零件的加工质量,对加工出来的零件要按照要求进行表面粗糙度、尺寸精度、形状精度、位置精度的测量,所使用的工具为量具。在汽车维修过程中,技术人员在维修量具、检测工件尺寸、检测工件间隙、检修设备、安装调试等工作中,均需要用量具进行检验、判断量具、零件是否符合规范、符合精度、符合装配要求。而一般性尺类量具是检测工件尺寸、检测工件间隙最基本的量具,了解、熟悉一般性尺类量具的性能及使用方法,是汽车维修技术人员所必须掌握的一项技能。

一、工件尺寸、间隙大小测量概述

(一)工件尺寸的概念

工件尺寸是指加工成的工件的长、宽、高和孔的大小以及位置数。

1. 工件尺寸的单位

工件尺寸常见长度单位有米、分米、厘米、毫米、微米、纳米等,其基本单位为米;英尺、英寸、英分,其基本单位为英寸。

2. 工件尺寸单位换算

工件尺寸一般用国际单位米,符号 m 和英制单位英寸,符号 in 表示,相互之间的换算关系如下:

(1)英制长度单位之间换算。

1 英尺(ft) = 12 英寸(in),

1 英寸(in) = 8 英分。

(2)国际长度单位之间的换算。

国际长度单位之间的换算如表 11-1 所示。

长度计量单位　　　　　　　　　　　表 11-1

单位名称	代号	进位系数
米	m	基本单位

续上表

单位名称	代　号	进位系数
分米	dm	1/10 米(1/10m)
厘米	cm	1/100 米(1/100m)
毫米	mm	1/1000 米(1/1000m)
丝米	dmm	1/10 毫米(1/10mm)
忽米	cmm	1/100 毫米(1/100mm)
微米	μm	1/1000 毫米(1/1000mm)
纳米	nm	1/1000 微米(1/1000μm)

（3）国际与英制长度单位换算。

国际与英制长度单位换算的关系为：

1 英寸 = 25.4 毫米 = 2.54 厘米 = 0.254 分米 = 0.0254 米，即 1in = 25.4mm = 2.54cm = 0.254dm = 0.0254m。

3. 工件尺寸精度

工件尺寸精度是由加工精度和量具、仪表的测量精度确定的。测量准确度是测量结果与被测量真值之间的一致程度。量具、仪表测量精度等级又称测量准确度等级，是按国家统一规定的允许误差大小划分成的等级，引用误差的百分数分子作为等级标志。等级是对功能相同但质量要求不同的产品、过程或体系所做的分类。

我国量具、仪表测量精度等级有 0.005、0.02、0.05、0.1、0.2、0.35、0.4、0.5、1.0、1.5、2.5、4.0 等，读数越小，级数精度（准确度）就越高。准确度等级是符合一定的计量要求，使误差保持在规定极限内的测量仪器的等级、级别。

4. 误差

在使用量具的过程中，由于量具、测量人员、场地环境、读数方法等的不同，会造成测量值的不同，存在测量误差。而误差又分为测量误差、绝对误差、相对误差和仪表的相对误差。

测量值与真实值之间存在的差别称为测量误差；

仪表读数与被测参数真实值之差称为绝对误差；

仪表的绝对误差与真值的百分比称为相对误差；

仪表的相对误差 =（测量结果 – 被测量真值/仪表量程）× 100% 。

（二）间隙大小

间隙一般是指两平面间的空间距离，除此之外，两相对运动件之间的距离也称为间隙。在汽车上平面与平面之间的间隙和相对运动件之间的间隙都比较常见。如曲轴轴向间隙既是平面与平面之间的间隙，又是相对运动件之间的间隙；而曲轴径向间隙就只是相对运动件之间的间隙，此类间隙存在较多，如凸轮轴径向间隙、活塞与汽缸配合间隙等。

因为间隙的种类比较多，对零部件间间隙要求也各不一样，间隙过大或过小都会影响汽车的性能。在汽车维修过程中，可以通过查询《维修手册》所规定的标准数值进行维修。

二、一般性尺类量具的用途及使用方法

汽车维修过程中用到的一般性尺类量具主要有钢直尺、直角尺、钢卷尺、厚薄规。

（一）钢直尺的用途及使用方法

1. 钢直尺的用途

钢尺是最基本的测量工具,是用薄钢板制成的,它一般用于精度要求不高的测量,可以直接测量出工件的尺寸。钢尺一般有钢直尺、钢卷尺等。

钢直尺一般用钢材或不锈钢材打造而成,如图11-1所示,长度分为150mm、200mm、300mm三种,最小刻度是0.5mm。汽车修理厂使用150mm和300mm这两种型号的钢直尺较多。

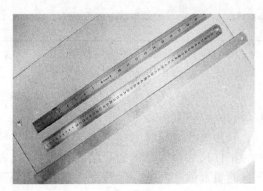

图11-1　钢直尺

2. 钢直尺的使用方法

（1）钢直尺使用前检验。

使用钢直尺前应先检查钢直尺各部位有无损伤,不允许有影响使用性能的外观缺陷,例如碰弯、划痕、刻度断线或看不清刻度线等缺陷,如图11-2所示。

（2）钢直尺使用时摆放。

使用钢直尺时,要以端边的"0"刻线作为测量基准。这样,在测量时不仅容易找到测量基准,而且便于读数和计数。

钢直尺最好的使用方式是用拇指将钢直尺按住,使其贴靠在工件上,如图11-3所示。

图11-2　钢直尺使用前检验　　　图11-3　钢直尺的使用方法

测量时,钢直尺要放平、放正,刻度面朝上、朝外,不得前后、左右歪斜,否则,从尺上读得的数比被测得的实际尺寸大,如图11-4所示。

(3)钢直尺测量时读数。

读数时视线必须与尺面相垂直,以免读数产生误差;被测平面要平,否则测出的数不是被测件的实际尺寸。

用钢直尺测量圆柱形的圆形截面直径时,钢直尺的端边要与被测面的边缘相切,然后左右摆动钢直尺,找出最大尺寸,即为所测圆形直径尺寸,如图11-5所示。

图11-4 钢直尺的使用方法

图11-5 钢直尺圆柱形直径测量

(4)钢直尺使用后的保管。

有悬挂孔的钢直尺,使用后必须用干净的棉丝擦干净,然后悬挂起来,使其自然下垂。如果没有悬挂孔,则将钢直尺擦净后平放在平板、平台或平尺上,防止其受压变形。如果较长时间不用,则应将钢直尺涂上防锈油。钢直尺的存放应选择温度低、湿度低的地点,如图11-6所示。

(二)直角尺的用途及使用方法

1. 直角尺的用途

直角尺是一种专业量具,简称为角尺,在有些场合还被称为靠尺,按材质它可分为钢直角尺、铸铁直角尺、镁铝直角尺和花岗石直角尺,它用于检测工件的垂直度及工件相对位置的垂直度,有时也用于划线。直角尺适用于机床、机械设备及零部件的垂直度检验,安装加工定位,划线等,是机械行业中的重要测量工具,它的特点是精度高,稳定性好,便于维修。在汽车维修过程中,使用的直角尺主要是钢直角尺,如图11-7所示,一般用钢直角尺在平面板上检测气门弹簧的倾斜度,但是需要厚薄规的配合检测。

图11-6 钢直尺的维护方法

图11-7 钢直角尺

2. 直角尺的使用

(1)直角尺使用前的检验。

使用直角尺前应先检查直角尺各部位有无损伤,不允许有影响使用性能的外观缺陷,例如碰弯、划痕、刻度断线或看不清刻度线等缺陷。

(2) 直角尺使用时的摆放。

直角尺使用时,将尺座一面紧靠工件基准面,尺杆向工件另一面靠拢,如图11-8所示。观看尺杆与件贴合处,其透过光线是否均匀;透过光线均匀,工件两邻面垂直;透过光线不均匀,两邻面不垂直,即不成直角。

(3) 直角尺使用后保管。

注意避免在高温或潮湿的场所从事测量作业以及维护。由于钢制品容易生锈,在使用后一般应涂上一层凡士林或机油。

图11-8 直角尺的使用

(三) 钢卷尺用途及使用方法

1. 钢卷尺的用途

一般来讲,钢卷尺的刻度单位与钢直尺刻度单位相同。钢卷尺按其结构可分为自卷式卷尺和制动式卷尺两种,如图11-9所示。钢卷尺由一条薄的富有弹性的钢带制成,其整条钢带上刻有长度标志。

钢带两边最小刻度为毫米(mm),总长度有2m、3m、5m、10m、15m等类型,如图11-10所示。钢卷尺通常用来测量长度超过1m的零部件。

图11-9 钢卷尺　　　　　图11-10 钢卷尺的刻度

2. 钢卷尺的使用方法

(1) 钢卷尺使用前检验。

使用前,首先要检查卷尺的各个部位:对自卷式和制动式卷尺来说,拉出和收入卷尺时,应轻便、灵活、无卡滞现象;制动时,卷尺的按钮装置应能有效地控制尺带收卷,不得有阻滞失灵现象,如图11-11所示。

尺带表面不得有锈迹和明显的斑点、划痕,线纹应十分清晰。尺带只能卷不能折。

(2) 钢卷尺使用时的摆放。

使用卷尺应以"0"点端为测量基准,这样便于读数。当以非"0"点端为基准测量物品时,要特别注意起始端的数字,否则在读数时易读错,如图11-12所示。

图 11-11 钢卷尺的检查

图 11-12 钢卷尺的使用

使用卷尺和使用钢直尺一样,不得前后左右歪斜,而且要拉紧尺带进行测量。

(3)钢卷尺使用后的保管。

使用自卷式或制动式卷尺时,拉出尺带不得用力过猛,而应徐徐拉出,用完后也应让尺带徐徐退回。对于制动式卷尺,应先按下制动按钮,然后徐徐拉出尺带,用完后按下制动按钮,尺带自动收卷。尺带自动收卷时,应防止尺带伤人。

(四)厚薄规的用途及使用方法

1. 厚薄规的用途

厚薄规又称塞尺或间隙片,是一组淬硬的钢条或刀片,这些淬硬钢条或刀片被研磨或滚压成为精确的厚度,它们通常都是成套供应,如图 11-13 所示。在汽车维修工作中厚薄规主要用于测量气门间隙、触点间隙和一些接触面的平直度等。

每条钢片标出了厚度(单位为 mm),它们可以单独使用,也可以将两片或多片组合在一起使用,以便获得所要求的厚度,最薄的一片可以达到 0.02mm,如图 11-14 所示。常用厚薄规长度有 50mm、100mm、200mm 三种。

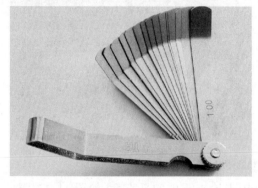
图 11-13 塞尺

图 11-14 塞尺的刻度

2. 厚薄规的使用方法

(1)厚薄规使用前的检验。

在使用厚薄规前,首先检查厚薄规是否完好,若发现有折损或标示刻度已经模糊不清的厚薄规应立即予以更新;同时在使用前必须将钢片擦净,还应尽量减少重叠使用的片数,因为片数重叠过多会增加测量误差。

（2）厚薄规使用时的摆放。

使用厚薄规测量时，应根据间隙的大小，先用较薄片试插，逐步加厚，可以一片或数片重叠在一起插入间隙内，插入深度应在20mm左右。

例如，用0.2mm的厚薄规钢片刚好能插入两工件的缝隙中，而0.3mm的厚薄规钢片插不进，则说明两工件的结合间隙为0.2mm，如图11-15所示。

图11-15　厚薄规的选择

测量时，必须平整插入，松紧适度，所插入的钢片厚度即为间隙尺寸。严禁将钢片用大力强硬插入缝隙测量。

由于厚薄规钢片很薄，容易弯曲或折断，测量时不能用力太大。测量时应在结合面的全长上多处检查，取其最大值，即为两结合面的最大间隙量。测量后及时将测量片合到夹板中去，以免损伤各金属薄片，如图11-16所示。

图11-16　厚薄规的使用1

当厚薄规同一把直尺一起使用时，厚薄规可用来检查零件的平直度，如图11-17所示，如检查汽缸盖的平直度。

（3）厚薄规使用后的保管。

厚薄规上不得有污垢、锈蚀及杂物；厚薄规使用完毕后要将测量面擦拭干净，并涂油，如图11-18所示。

图 11-17　厚薄规的使用 2

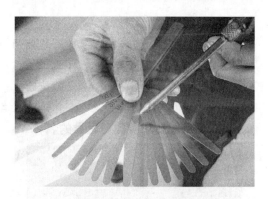

图 11-18　厚薄规的维护

思考与练习

一、填空题

1. 在使用量具的过程中,由于量具、测量人员、场地环境、读数方法等的不同,会造成测量值的不同,存在_____。

2. _____是指加工成的工件的长、宽、高和孔的大小以及位置数。

3. 在生产中,为保证零件的加工质量,要对加工出来的零件按照要求进行_____、_____、_____进行测量,所使用的工具为量具。

4. 常见长度单位有米、分米、厘米、_____、_____、_____等,其基本单位为_____。

5. 量具级数越_____,精度(准确度)就越_____。

6. _____是最基本的测量工具,是用_____制成的,它一般用于精度要求_____的测量,可以直接测量出工件的_____。钢尺一般有_____、_____等。

7. 使用钢直尺时,要以端边的_____作为测量基准,读数时,视线必须与尺面相_____,以免读数产生误差。

8. 直角尺一般用来检查工件的_____或_____研磨加工核算,不论何种形式的直角尺都是由一个_____和一个_____构成。

9. 钢卷尺通常用来测量长度超过_____的零部件。

10. 在汽车维修工作中厚薄规主要用于测量_____、_____和一些接触面的_____等。

二、连线题

1. 误差的几个概念

测量误差　　　　　　　　仪表的绝对误差与真值的百分比。

绝对误差　　　　　　　　=(测量结果−被测量真值/仪表量程)×100%
　　　　　　　　　　　　仪表读数

相对误差　　　　　　　　测量值与真实值之间存在的差别。

仪表的相对误差　　　　　仪表读数与被测参数真实值之差。

工量具认知与使用

2. 直角尺的使用方法

使用前　　　　　　直角尺使用时,将尺座一面紧靠工件基准面,尺杆向工件另一面靠拢

使用时　　　　　　一般应涂上一层凡士林或机油

使用后　　　　　　检查钢直尺各部位有无损伤

三、请写出下列图中各种量具的名称

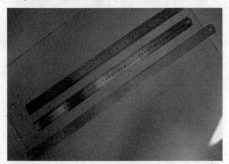

名称：_____

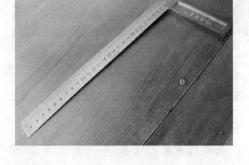

名称：_____

名称：_____

名称：_____

四、简答题

1. 简述钢直尺的使用方法。

2. 简述直角尺的使用方法。

3. 简述厚薄规的使用方法。

4. 钢直尺、直角尺、钢卷尺和厚薄规的用途分别是什么?

项目十二 游标卡尺的认知与使用

学习目标

完成本项目学习后,你应能:
1. 说出游标卡尺的用途、类型和规格;
2. 根据游标卡尺的实物图说出游标卡尺的结构;
3. 正确使用游标卡尺并进行维护管理。

建议学时

2 学时。

一、游标卡尺概述

(一) 游标卡尺的用途

游标卡尺是一种常用的量具,具有结构简单、使用方便、精度中等和测量的尺寸范围大等特点,可以用它来测量零件的外径、内径、长度、宽度、厚度、深度和孔距等,应用范围很广,如图 12-1 所示。

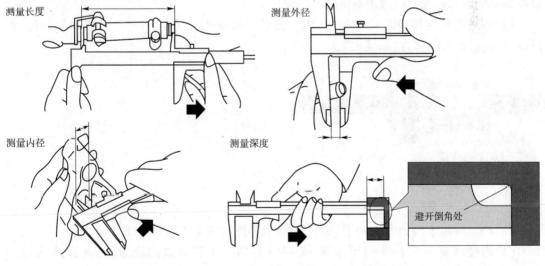

图 12-1 游标卡尺的用途

(二) 游标卡尺的类型

1. 按照数据的读取方式分类

按照数据的读取方式可将游标卡尺分为:刻度式、表盘式、数显式。

刻度式游标卡尺较为常见,其又被称为四用游标卡尺,简称卡尺,如图12-2所示。刻度式游标卡尺是由刻度尺和卡尺制造而成的精密测量仪器,能够正确且简单地从事长度、外径、内径及深度的测量。在汽车维修工作中,0.02mm精度的游标卡尺使用最多。

表盘式游标卡尺如图12-3所示。

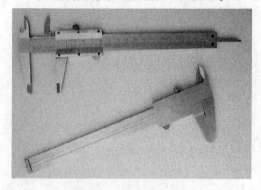

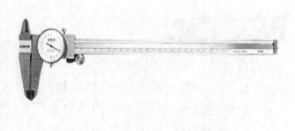

图12-2　刻度式游标卡尺　　　　　　　　图12-3　表盘式游标卡尺

数显式游标卡尺结构如图12-4所示,是以数字显示测量示值的长度测量工具,是一种测量长度、内外径的仪器。

2. 按照测量范围分类

按照测量范围游标卡尺分为0～70mm、0～125mm、0～150mm、0～200mm、0～300mm、0～500mm等规格。

3. 按照所测量尺寸的类型分类

按照所测量尺寸的类型,游标卡尺可分为专门用于测量深度的游标卡尺、专门用于测量高度的游标卡尺以及专门用于测量内径的游标卡尺。

(1) 深度游标卡尺如图12-5所示,用于测量凹槽或孔的深度、梯形工件的梯层高度、长度等尺寸,通常被简称为"深度尺"。

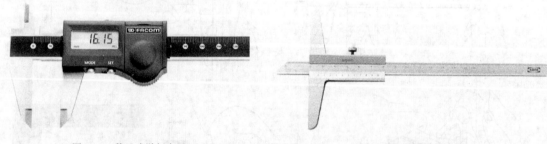

图12-4　数显式游标卡尺　　　　　　　　图12-5　深度游标卡尺

(2) 高度游标卡尺如图12-6所示,用于测量零件的高度和精密划线。

(3) 内径游标卡尺是专门用来测量内径的,如汽车制动鼓的测量等,其量爪结构如图12-7所示,这种游标卡尺的好处是不受被测物体内径边缘凸起的影响。

(三) 游标卡尺的规格

汽车维修过程中,最常用的游标卡尺是刻度式游标卡尺,其有0～70mm、0～125mm、0～150mm、0～200mm、0～300mm、0～500mm等多种规格。刻度式游标卡尺的具体应用应根据所测零部件的精度和要求来选用合适规格的游标卡尺。根据刻度式游标卡尺最小刻度的不同,游标卡尺的精度分为 0.05mm、0.02mm 和 0.01mm 三种。

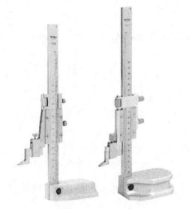

图 12-6　高度游标卡尺

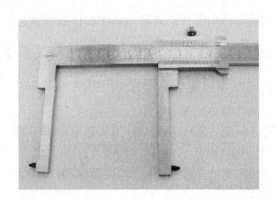

图 12-7　内径游标卡尺

二、刻度式游标卡尺的结构

(一)刻度式游标卡尺的结构

刻度式游标卡尺主要由内测量爪、外测量爪、主尺、游标尺、深度尺和锁紧螺母等组成(图 12-8)。

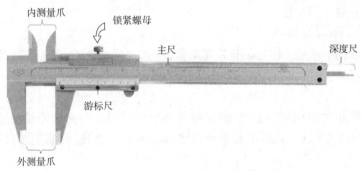

图 12-8　游标卡尺的结构

(二)刻度式游标卡尺的组成

1. 主尺

刻度式游标卡尺的主尺上有刻度,每个刻度是 1mm。

2. 副尺

副尺又称游标尺,其上刻度的每一个刻度根据精度规格不同有 0.02mm、0.05mm、0.1mm(精度规格会刻在游标上)。

3. 测量卡脚

主尺与固定测量卡脚制成一体,副尺与活动测量卡脚制成一体,并能在主尺上滑动。主尺和副尺上有两副活动量爪,其分别又称为内测量爪和外测量爪,内测量爪通常用来测量内径,外测量爪通常用来测量长度和外径。

4. 深度尺

深度尺与副尺连在一起,可以测量槽和筒的深度。

5. 锁紧螺母

锁紧螺母用于在使测量爪贴紧物体后锁紧游标尺以便准确读数。

三、刻度式游标卡尺的使用方法及注意事项

(一)刻度式游标卡尺的使用方法

1. 使用前的检查

使用刻度式游标卡尺时应先依照下列事项逐一检查:

(1)外观检查。

卡尺的刻线和数字应清晰,端面、深度尺的表面不应有锈蚀、碰伤或其他影响使用性能的缺陷等。

(2)归零。

擦拭测量面后归零,主尺与游标尺刻度的零位应重合(即游标尺刻度上的零位与主尺上的零位重合),且游标尺的最末一根线与主尺第九根线重合,其他刻线都不与尺身刻线重合,这种情况称为归零。

(3)校准。

使用前应用标准量块(一般采用普通量块即可)进行校准,校准部位包括:卡尺外侧量爪根部、中部、尖部和整个测量面。

(4)确认整个游标活动顺畅。

尺框沿尺身移动应平稳,不应有阻滞现象,尺身和尺框的配合无明显的晃动和间隙;锁紧螺母的作用应可靠,深度尺不允许窜动。

2. 测量操作

在从事测量作业之前,必须先清理测量零件及游标卡尺。在测量外径时,需要将零件深夹在量爪中,如图 12-9 所示,然后用右手拇指轻压游标卡尺,同时使测定工件和游标卡尺保持垂直状态。

内径尺寸的测量如图 12-10 所示,首先是用拇指轻轻拉开副尺,并使主尺量爪与测定物件保持正确的接触,上下晃动,由指示的最大尺寸读取读数。

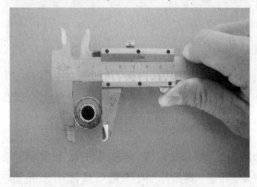

图 12-9 游标卡尺测量外径

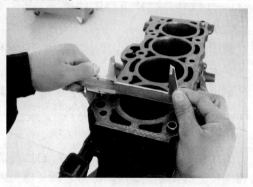

图 12-10 游标卡尺测量内径

此外,用游标卡尺还可以测量汽车零部件的深度。

3. 刻度式游标卡尺的读数

(1)刻度式游标卡尺的读数原理。

以游标卡尺的最小刻度为0.02mm为例,其游标刻度是将49mm平均分为50等份。主刻度尺是以毫米来划分刻度的,将1cm平均分为10个刻度,在厘米刻度线上标有数字1、2、3等,表示为1cm、2cm、3cm等。

如图12-11所示,主刻度尺每个刻度为1mm,游标刻度尺每个刻度为49mm/50 = 0.98mm,所以主刻度尺和游标刻度尺每一刻度尺差为0.02mm。游标卡尺主刻度尺和游标刻度尺每个刻度差是0.02mm,这就是此游标刻度尺的测量精度。

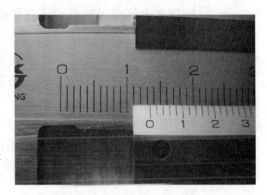

图12-11 游标卡尺的读数原理

(2)刻度式游标卡尺的读数步骤。

正确读出游标卡尺的读数是使用卡尺的关键。读游标卡尺的数值通常分三步:

第一步:读主尺的整数值;

第二步:读游标尺的小数值;

第三步:把两次读数相加,即为其读数结果。

(3)刻度式游标卡尺的读数:

① 读数前,应先清楚主尺和游标尺的分度值。主尺的分度值通常为1mm;游标尺的分度值通常有0.02mm、0.05mm、0.1mm 三种,读取刻度时要从正面看。

② 整数的读取:"游标尺的0刻线"是读数的基准。读"整数"部分看游标尺0刻线的左边,"小数"部分看游标尺0刻线的右边,即读出靠近游标尺0刻线最近尺身上的左边刻线数值,就是测量值的整数位。

③ 小数的读取:读出游标尺0刻线右边与主尺身上某根刻线重合的那根刻线,则该刻线的数值乘以游标分度值所得乘积就是测量值的小数位。

④将上述两项读数相加就是测量的结果,即把从尺身上读得的整毫米数和从游标尺上读得的毫米小数相加。

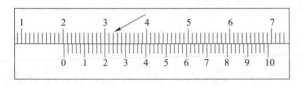

图12-12 游标卡尺的读数

注意:在读取数值时,两只眼睛应垂直于游标卡尺上的刻线面去读。

(4)读数举例。

以图12-12为示例,图中主尺分度值(1小格)为1 mm,游标尺分度值(1小格)为0.02mm,1大格为0.1mm。

正确读数方法如下。

整数值:游标尺的0刻线在主尺的20mm和21mm刻线之间,读为"20mm";

小数值:游标尺的2刻线后面的第2条刻线和主尺的一条刻度对齐成一条直线"|",读为"0.2 + 2×0.02mm",即"0.24mm",最后读出测得值为20.24mm,如图12-13所示。

图 12-13　游标卡尺读数示例

注意：如果游标尺的分度值为 0.05 或 0.1，其读数方法也是相同的。

(二)刻度式游标卡尺的维护注意事项

游标卡尺是一种精密的测量工具,要获得良好的精度应小心轻放和妥善保存。

测量前,应将游标卡尺清理干净,并将两量爪合并,检查游标卡尺的精度情况。在使用之后,应清除灰尘和杂物。读数时,要正对游标刻度,看准对齐的刻线,目光不能斜视,以减小读数误差。

游标卡尺的使用注意事项,如图 12-14 所示。

(1)游标卡尺是精密量具,我们需要定期对其进行检查维护;

(2)使用时要轻拿轻放,应避免掉落地面或遭受撞击,如果不小心落地,应立刻检查并作适当处理;

(3)在使用后应将游标卡尺归零锁紧;

(4)为保证具有较好的润滑和防止生锈,使用后须立即擦拭并涂上一层防锈油;

(5)使用完毕后,游标卡尺应摆放回专用工具盒中。

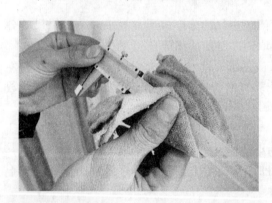 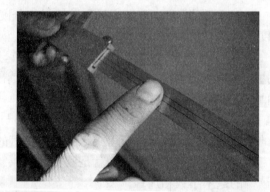

图 12-14　游标卡尺的注意事项

思考与练习

一、填空题

1. 游标卡尺是一种常用的量具,具有_____、_____、_____和测量的尺寸范围大等特点。

2. 可以用游标卡尺来测量零件的_____、_____、_____、_____、_____等。

3. 游标卡尺按照数据的读取方式分为:_____、_____、_____。

4. 游标卡尺的主尺上有刻度,每个刻度是_____ mm。

5. 副尺（又称游标尺）上刻度的每一个刻度根据精度规格不同有_____ mm、_____ mm、_____ mm（精度规格会刻在游标上）。

6. 主尺与_____卡脚制成一体,副尺与_____卡脚制成一体,并能在主尺上滑动。

7. 主尺和副尺上有两副活动量爪,分别是_____测量爪和_____测量爪,内测量爪通常用来测量_____,外测量爪通常用来测量长度和_____。

8. 深度尺与_____连在一起,可以测量槽和筒的_____。

9. 锁紧螺母用于在使测量爪贴紧物体后_____游标尺以便准确读数。

10. 在从事测量作业之前,必须先清理_____、_____。

11. 在测量外径时,需要将零件_____夹在量爪中,然后用右手拇指轻压游标卡尺,同时使测定工件和游标卡尺保持_____状态。

12. 在测量_____尺寸时,首先是用拇指轻轻拉开副尺,并使主尺量爪与测定物件保持正确的接触,上下晃动,由指示的_____尺寸读取读数。

13. 测量前,应将游标卡尺_____,并将两量爪合并,检查游标卡尺的_____情况。在使用之后,应清除_____、_____。

14. 读数时,要_____对游标刻度,看准对齐的刻线,目光不能_____,以减小读数误差。

15. 游标卡尺是精密量具,我们需要定期的进行检查_____。

二、选择题

1. 在汽车维修工作中,(　　)mm精度的游标卡尺使用最多。
   A. 0.1　　　　B. 0.02　　　　C. 0.05　　　　D. 0.2

2. (　　)游标卡尺,是以数字显示测量示值的长度测量工具,是一种测量长度、内外径的仪器。
   A. 刻度式　　　B. 表盘式　　　C. 数显式　　　D. 四角

3. (　　)游标卡尺用于测量凹槽或孔的深度、梯形工件的梯层高度、长度等尺寸。
   A. 高度　　　　B. 深度　　　　C. 内径　　　　D. 数显

4. (　　)游标卡尺用于测量零件的高度和精密划线。
   A. 高度　　　　B. 深度　　　　C. 内径　　　　D. 数显

5. 游标卡尺的主尺上有刻度,每个刻度是(　　)。
   A. 0.5 mm　　　B. 0.02 mm　　　C. 0.1 mm　　　D. 1 mm

三、识图题

1. 请写出下列图形中所对应的名称。

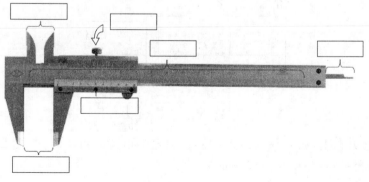

2. 请写出下列图形对应量具的名称。

名称：_____

名称：_____

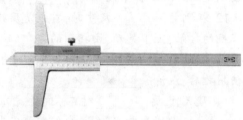

名称：_____

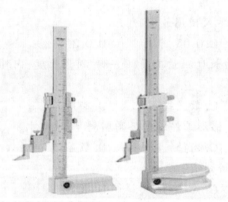

名称：_____

名称：_____

名称：_____

3. 用游标为20分度的卡尺测定某圆筒的内径时，卡尺上的读数如下图所示，可读出圆筒的内径为_____mm。

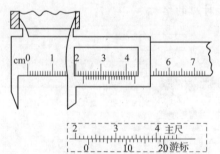

4. 用游标卡尺(测量值可准确到0.02mm)测定某圆筒的内径时，卡尺上的读数如下图所示，可读出圆筒的内径为_____mm。

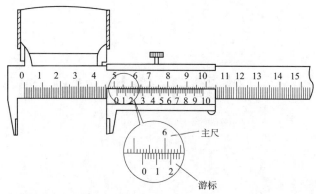

5. 读出下列游标卡尺测量的读数。

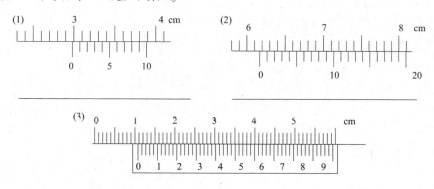

四、请把以下的内容正确排序

(　　)选用正确部位对物体进行测量；
(　　)正确读取测量数值；
(　　)清洁和校准游标卡尺；
(　　)清洁测量表面。

五、简答题

1. 游标卡尺的用途是什么？

2. 游标卡尺是如何进行分类的？

3. 游标卡尺的规格有哪些？

4. 游标卡尺的分度值有哪些？在汽车维修中最常用的最小刻度是多少？

5. 游标卡尺由哪些部分组成？

6. 游标卡尺在使用前的检查包括哪些步骤？

7. 游标卡尺的使用注意事项有哪些？

项目十三　外径千分尺的认知与使用

学习目标

完成本项目学习后,你应能:
1. 说出外径千分尺的用途、规格;
2. 说出外径千分尺的结构;
3. 说出外径千分尺的使用方法及注意事项。

建议学时
2学时。

一、外径千分尺概述

(一)千分尺的用途

千分尺也称为螺旋测微器,它是利用螺纹节距来测量长度的精密测量仪器,是一种用于测量加工精度要求较高的零部件,汽车维修工作中一般使用可以测 1/100mm 的千分尺,其测量精度可达到 0.01mm,如图 13-1 所示。

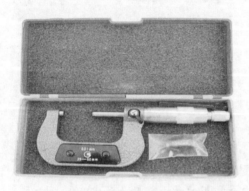 

图 13-1　外径千分尺 1

(二)外径千分尺的规格

外径千分尺是用于外径宽度测量的千分尺,测量范围一般为 0~25mm,如图 13-2 所示。

根据所测零部件外径粗细程度,可选用测量范围为 0~25mm、25~50mm、50~75mm、75~100mm 等多种规格的外径千分尺。

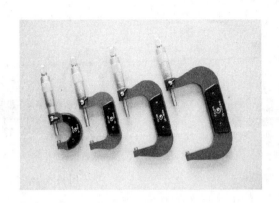

图 13-2　外径千分尺 2

二、外径千分尺的结构

1. 外径千分尺的结构

外径千分尺的结构如图 13-3 所示,主要由测砧、测微螺杆、尺架、固定套管、套管、棘轮旋钮及锁紧装置等部件组成。固定套管上有一条水平线,这条线上、下各有一列间距为 1mm 的刻度线,上面的刻度线恰好在下面二相邻刻度线中间。微分筒上的刻度线是将圆周分为 50 等分的水平线,它是旋转运动的。

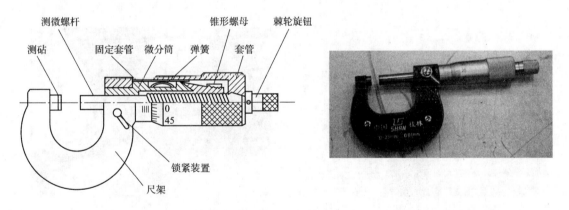

图 13-3　外径千分尺的结构

棘轮旋钮的作用是保证测轴的测定压力,当测定压力达到一定值时,限荷棘轮即会空转,如图 13-4 所示。如果测定压力不固定则无法测得正确尺寸。

2. 外径千分尺的工作原理

根据螺旋运动原理,当微分筒(又称可动刻度筒)旋转一周时,测微螺杆前进或后退一个螺距——0.5mm,如图 13-5 所示。这样,当微分筒旋转一个分度后,它转过了 1/50 周,这时螺杆沿轴线移动了 $1/50 \times 0.5$mm $= 0.01$mm,因此,使用千分尺可以准确读出 0.01mm 的数值。

固定套筒上刻有刻度,测轴每转动一周即可沿轴方向前进或后退 0.5mm。

活动套管的外圆上刻有 50 等分的刻度,在读数时每等分为 0.01mm。

图 13-4　棘轮旋钮

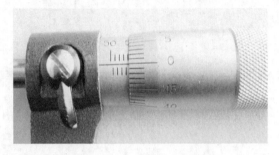

图 13-5　外径千分尺的工作原理

三、外径千分尺的使用方法及注意事项

(一)外径千分尺的使用方法

1. 使用前

(1)使用前确保零点校正,若有误差请用调整扳手调整或用测定值减去误差,如图13-6所示。

(2)被测部位及千分尺必须保持清洁,若有油污或灰尘须立即擦拭干净,如图13-7所示。

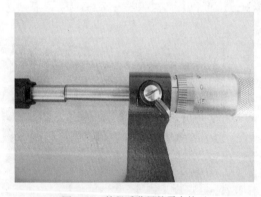

图 13-6　外径千分尺的零点校正

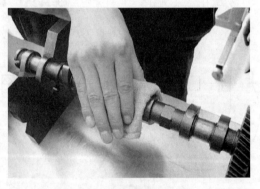

图 13-7　清洁被测部位

2. 使用时

(1)测量时请将被测面轻轻顶住砧子,转动限荷棘轮及套筒使测轴前进,如图13-8所示。

提示:不可直接转动活动套管。

(2)测定时尽可能握住千分尺的弓架部分,同时要注意不可碰及砧子,如图13-9所示。

(3)旋转后端限荷棘轮,使两个砧端夹住被测部件,然后再旋转限荷棘轮一圈左右,当听到发出 2~3 次"咔咔"声后,就会产生适当的测定压力,如图13-10所示。

(4)为防止因视差而产生误读,最好让眼睛视线与基准线成直角后再读取读数,如图13-11所示。

项目十三　外径千分尺的认知与使用

图 13-8　被测面顶住砧子

图 13-9　握住弓架部分

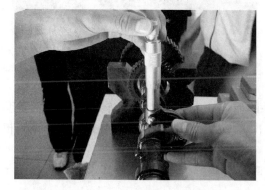

图 13-10　外径千分尺的测量

图 13-11　外径千分尺的读数

（5）当测量活塞、曲轴轴径之类的圆周直径时，必须保证测轴轴线与最大轴径保持一致（即测试处为轴径最大处），如图 13-12 所示。若从横向来看，测轴应与检测部件中心线垂直，只有这样才能保证测试数据正确无误。

3．外径千分尺的零点校正

（1）仔细清理测定面后，将标准量规夹在测轴和砧子之间，慢慢转动限荷棘轮，当棘轮转动一圈半并发出 2~3 次"咔咔"声后，即能产生正确的测定压力，检视指示值，如图 13-13 所示。

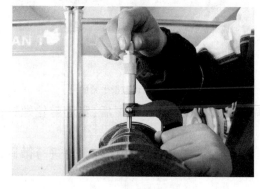

图 13-12　测量圆周直径

图 13-13　检测测定压力

提示：0~25mm 量程的千分尺可直接校零。

（2）活动套管前端面应在固定套筒的"0"刻线位置，且活动套管上的"0"刻线要与固定套筒的基准线对齐。若两者中有一个"0"刻线不能对齐,则该千分尺有误差,应检查调整后才能继续测量,如图13-14所示。

(3)根据以上方法进行校正后,如果零点有偏差,应先检查测定面接触状况是否良好,然后再根据误差的大小进行调整,如图13-15所示。

图13-14 "0"刻线对齐

图13-15 检查接触面

(4)当误差在0.02mm以下时,把调整扳手的前端插入固定套筒内,转动套筒使活动套管的"0"刻线和固定套筒上的基准线对齐,经几次调整后,再进行零点检查,若还有偏差则根据上述方法再次调整,如图13-16所示。

提示:当误差在0.02mm以上时,如只调整固定套筒,则会因固定套筒基准线的移动导致不易读取刻度。

当误差在0.02mm以上时的调整步骤如下:

①使用调整扳手紧固活动套管和测轴,如图13-17所示。

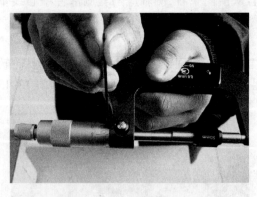

图13-16 调整

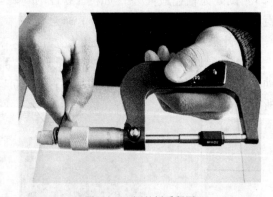

图13-17 调整扳手紧固

②松解棘轮螺钉,转动套管大致将零点的偏差调整在0.02mm以下后,紧固棘轮螺钉,如图13-18所示。

③再次进行零点校正,确定误差在0.02mm以下后,再按前项利用固定套筒进行微调,如图13-19所示。

4. 外径千分尺的读数

套筒刻度可以精确到0.5mm(可以读至0.5mm),由此以下的刻度则要根据套筒基准线和套管刻度的对齐线来读取读数。

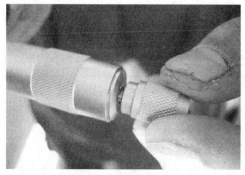

图 13-18　紧固棘轮螺钉

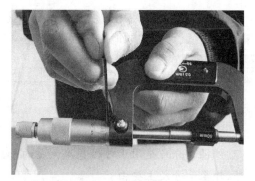

图 13-19　零点校正

如图 13-20 所示，套筒上读数为 55mm，套管上 0.01mm 的刻度线对齐基准线，因此读数是：

$$55\text{mm} + 0.01\text{mm} = 55.01\text{mm}$$

又如图 13-21 所示，套筒上读数为 55.5mm，套管上 0.45mm 的刻度线对齐基准线，因此读数是：

$$55.5\text{mm} + 0.45\text{mm} = 55.95\text{mm}$$

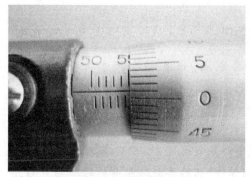

图 13-20　外径千分尺的读数 1

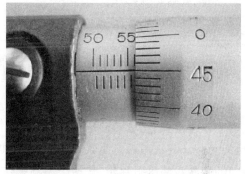

图 13-21　外径千分尺的读数 2

(二) 外径千分尺的使用及维护注意事项

(1) 使用时应避免掉落地面或遭受撞击，如果不小心落地，应立刻检查并作适当处理，如图 13-22 所示。

(2) 严禁放置在污垢或灰尘很多的地点，并且要在使用完将测砧和测轴的测定面分离后再放置，如图 13-23 所示。

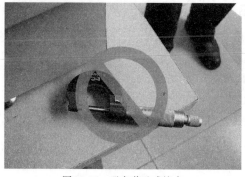

图 13-22　避免落地或撞击

图 13-23　防尘及测砧和测轴测定面分离

(3)为防止生锈,使用后须立即擦拭并涂上一层防锈油。保存时应先放置于储存盒内,再置于湿度低、无振动的地方保存。

思考与练习

一、填空题

1. 千分尺也称为_____,它是利用_____来测量长度的精密测量仪器。
2. 外径千分尺是用于外径宽度测量的千分尺,测量范围一般为_____。
3. 外径千分尺主要由_____、_____、_____、_____、_____及锁紧装置等部件组成。
4. 固定套筒上刻有刻度,测轴每转动一周即可沿轴方向前进或后退_____,活动套管的外圆上刻有50等分的刻度,在读数时每等分为_____。
5. 当测量活塞、曲轴轴径之类的_____时,必须保证_____与_____径保持一致(即测试处为轴径最大处)。若从横向来看,测轴应与检测部件中心线_____,只有这样才能保证测试数据正确无误。
6. 使用时应避免_____地面或遭受_____,如果不小心落地,应立刻_____并作适当处理。
7. 严禁放置在_____或_____很多的地点,并且要在使用完将_____和_____的测定面分离后再放置。
8. 为防止生锈,使用后须立即擦拭并涂上一层_____。保存时应先放置于_____内,再置于湿度低、无振动的地方保存。
9. 为防止因视差而产生误读,最好让眼睛视线与基准线成_____后再读取读数。
10. 旋转后端限荷棘轮,使两个砧端夹住被测部件,然后再旋转限荷棘轮一圈左右,当听到发出2~3次"咔咔"声后,就会产生适当的_____。

二、选择题

1. 汽车维修工作中一般使用可以测1/100mm的千分尺,其测量精度可达到(　　)mm。
　　A. 0.1　　　　B. 0.2　　　　C. 0.01　　　　D. 0.02
2. 外径千分尺是用于外径宽度测量的千分尺,测量范围一般为(　　)mm。
　　A. 0~25　　　　　　　　　　B. 25~50
　　C. 50~75　　　　　　　　　　D. 75~100
3. 微分筒上的刻度线是将圆周分为50等分的水平线,它是(　　)运动的。
　　A. 相对　　　B. 曲线　　　C. 圆周　　　D. 旋转
4. 外径千分尺可以准确读出(　　)毫米的数值。
　　A. 0.02　　　B. 0.01　　　C. 0.1　　　D. 0.2
5. 为防止因视差而产生误读,最好让眼睛视线与基准线成(　　)后再读取读数。
　　A. 30°　　　B. 45°　　　C. 60°　　　D. 90°

三、识图题

请写出以下列图形中对应的操作步骤。

项目十三 外径千分尺的认知与使用

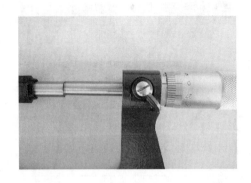

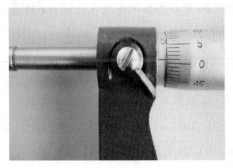

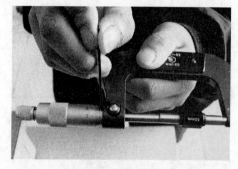

四、请正确读出外径千分尺的读数

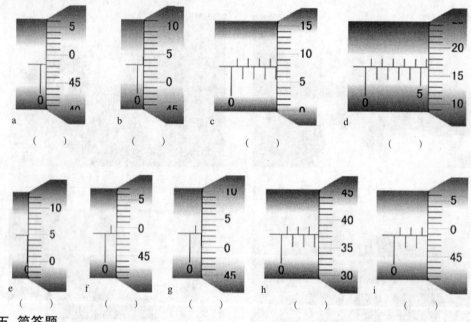

a (　　)　b (　　)　c (　　)　d (　　)

e (　　)　f (　　)　g (　　)　h (　　)　i (　　)

五、简答题

1. 外径千分尺在使用前应进行什么操作？

2. 外径千分尺如何进行零点校正（误差在 0.02mm 以下）？

3. 外径千分尺的使用与维护注意事项有哪些？

项目十四　百分表及磁力表座的认知与使用

学习目标

完成本项目学习后，你应能：
1. 说出百分表的用途；
2. 说出百分表的结构特征；
3. 说出磁力表座的结构；
4. 说出百分表的使用注意事项。

建议学时

2学时。

一、概述

（一）百分表的用途

百分表是一种精度较高的比较量具，它只能测出相对数值，不能测出绝对值，主要用于检测工件的形状和位置误差（如圆度、平面度、垂直度、跳动量等），也可用于校正零件的安装位置以及测量零件的内径等。百分表工作原理是将被测尺寸引起的测杆微小直线移动，经过齿条齿轮或杠杆齿轮传动放大，变为指计在刻度盘上的转动，从而读出被测尺寸的大小（图14-1）。

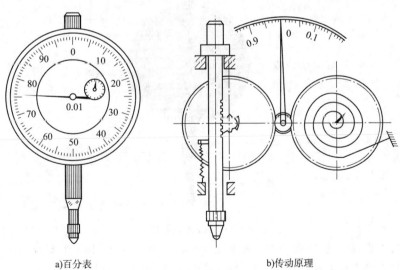

a)百分表　　　　　　　　　　　　b)传动原理

图14-1　百分表及其工作原理

(二)百分表的种类

百分表的测量头包括4种类型,如图14-2所示。
(1)长型,适合在有限空间中使用。
(2)辊子型,用于测量轮胎的凸面/凹面。
(3)杠杆型,用于测量不能直接接触的部件。
(4)平板型,用于测量活塞突出部分等。

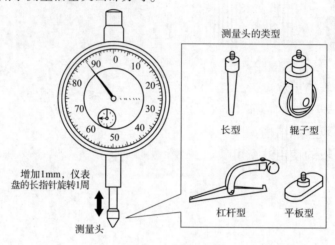

图14-2 百分表的种类

二、百分表的结构

(一)百分表的组成

百分表主要由小指针和小表盘、大指针和大表盘、表圈、锁止螺母、挡帽、固定套筒、测量杆和测量头等组成(图14-3)。

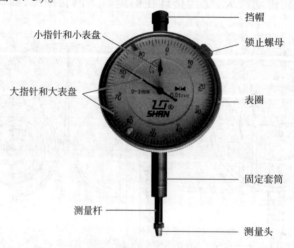

图14-3 百分表的结构

百分表的小表盘上有刻度,每个刻度是1mm,大表盘上有100个刻度,每一个刻度是0.01mm(精度规格会印在表内),大指针转1圈则小指针转1个刻度。

表圈是和大表盘连在一起的,转动表圈可以使大表盘也随之转动。

锁止螺母的作用是锁止表圈不动。

挡帽是用于预压百分表的。

固定套筒是用来固定百分表的。

测量头是和测量表面接触的。

百分表主要是由尺条和小齿轮装配而成的,其工作原理是:利用尺条和小齿轮将心轴的移动量放大,再由指针的转动来读取测定数值。图 14-4 为百分表的内部结构及原理示意图。

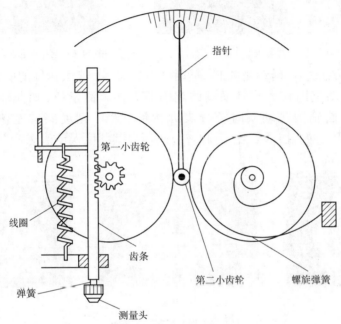

图 14-4　百分表内部结构及原理示意图

(二)百分表的读数

百分表表盘刻度分为 100 格,当量头每移动 0.01mm 时,大指针偏转 1 格;当量头每移动 1mm 时,大指针偏转 1 周。小指针偏转 1 格相当于量头移动 1mm。百分表的表盘是可以转动的,如图 14-5 所示。

百分表的读数方法有两种:一种是绝对测量数值(直接读取测量数值),另外一种是误差测量数值(根据指针摆动范围读取计算)。

1.绝对测量数值的读取

绝对测量数值的读取即直接读取百分表上的测量数值,方法为先读小指针转过的刻度线(即毫米整数),再读大指针转过的刻度线(即小数部分),并乘以 0.01,然后两者相加,即得到所测量的数值。

如图 14-6 所示的数值为:1mm + (50×0.01mm) = 1mm + 0.5mm = 1.5mm。

2.误差测量数值的读取

误差测量数值的读取即根据指针摆动范围读取计算,此种方法一般都用于各种误差测量中,曲轴圆跳动量、汽缸圆度和圆柱度、制动盘端面跳动量的测量都是采用这种读取方法。

图 14-5 百分表的读数

图 14-6 绝对测量数值的读取

其具体读取方法为:在转动测量工件同时细心观察百分表大指针的摆动范围(即在"0"刻度线左右的摆动范围),大指针摆动的范围即为误差测量值(如曲轴圆跳动量)。如图 14-7 所示在测曲轴圆跳动量时百分表大指针从"0"刻度线的左侧摆过去了 1 格[图 14-7a)],然后又向右摆了 2 格[图 14-7b)],所以其圆度误差值应该为:1×0.01 mm + 2×0.01 mm = 0.03 mm[图 14-7c)]。

a)　　　　　　　　　　　　b)　　　　　　　　　　　　c)

图 14-7 误差测量数值的读取

注意:百分表比较灵敏,在读数时曲轴要慢慢转动,并且要仔细观察,否则指针摆动较快,不容易读数。大指针逆时针偏离的最大位置和大指针顺时针偏离的最大位置一定要找准确。

三、磁力表座

(一)磁力表座的用途

百分表在汽车维修过程中和其他的工具(如磁力表座)组合使用可以测量曲轴圆跳动量、汽缸圆度和圆柱度、制动盘端面跳动量等(图 14-8)。这些测量数据对汽车维护有着精确、直观的维修依据。

(二)磁力表座的结构

磁力表座外壳为两块导磁体,中间用不导磁的铜板隔开,内部有一个可以旋转的磁体,此磁体沿直径方向为 N、S 极,如图 14-9 所示。

磁力表座的组成零件:

(1)横杆与立柱,如图 14-10 所示。

图14-8 磁力表座的使用

 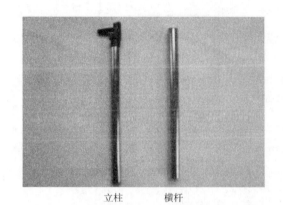

图14-9 磁力表座　　　　　图14-10 横杆与立柱

（2）连接件，如图14-11所示。

连接件1和连接件4比较相似，其区别是：连接件1的连接孔小，连接件4的连接孔大。

（3）旋钮，如图14-12所示。

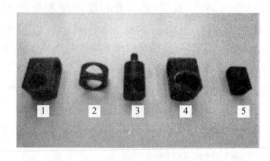 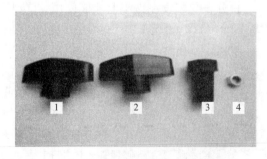

图14-11 连接件　　　　　图14-12 旋钮

旋钮1和旋钮2一样，可以互换。

（4）磁性底座，如图14-13所示。

磁性底座的原理：当磁体旋转到中间位置，磁力线分别在两块导磁体中形成闭路时，表座可以轻易取走；旋转90°后，N、S极分别对着两块导磁体，此时从N极到导磁体到导轨到另一块导磁体再到S极，形成磁力线闭合，可以牢牢地附着在导轨上，如图14-14所示。

图 14-13 磁性底座

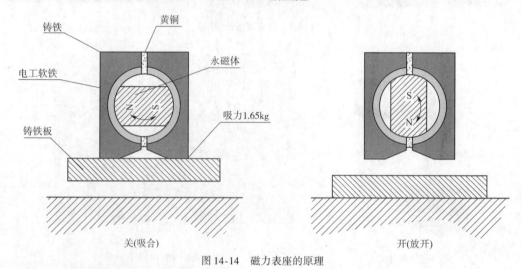

关(吸合)   开(放开)

图 14-14 磁力表座的原理

四、百分表的使用及注意事项

(一)百分表的使用

百分表要装设在支座上才能使用,在支座内部设有磁铁,旋转支座上的旋钮使表座吸附在工具台上,因而又称磁性表座。此外,百分表还可以和夹具、V形槽、检测平板和顶心台合并使用,从事弯曲、振动及平面状态的测定或检查,如图 14-15 所示。

1. 曲轴圆跳动量的测定

曲轴是发动机中形状和受力都很复杂的重要零件之一。曲轴的弯曲变形会加剧活塞连杆组、汽缸、曲轴轴颈和轴承的磨损,甚至会使曲轴出现裂纹或断裂。

曲轴圆跳动量的检测以曲轴两端主轴颈的公共轴线为基准,检查中间轴颈的径向圆跳动误差。检查方法是:主要采用百分表和磁性表座来进行测量,使百分表触头垂直抵在

图 14-15 百分表的使用

中间主轴颈上,与两端主轴颈比较,因为中间主轴颈两侧的汽缸进气道短,进气阻力最小,进气充分,燃气压力大,所以中间主轴颈负荷最大,弯曲也最大。慢慢转动曲轴一圈,百分表指针所示的最大摆差,即为中间主轴颈的径向圆跳动误差(图 14-16)。

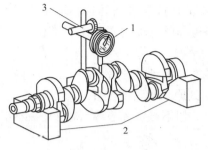
a)曲轴圆跳动量的检测

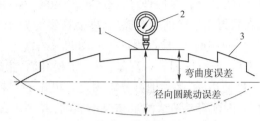
b)曲轴径向误差和圆跳动量误差

图 14-16　曲轴圆跳动量的检测

1-百分表；2-V 形块；3-磁性表座　　　　　1-中间主轴颈；2-百分表；3-连杆轴颈

曲轴圆跳动量测定：图 14-17 所示为利用百分表进行曲轴圆跳动量测定的情形。先将曲轴的两端支撑在检测平板上的 V 形槽中，然后将百分表固定在磁性支架上，调整百分表测量头使其顶住中央的轴颈部，接着慢慢地转动曲轴，如果曲轴有微小的弯曲，百分表就会将它放大在刻度盘上显示出来，即可看见指针转动。

百分表是一个精密的测量工具，不正确的使用方法会造成测量误差，加之曲轴圆跳动动量一般都很小，所以我们必须严格按照其测量流程去操作。测定时要注意的一点是，百分表的测量头顶住测定物时要保持垂直，并有一定的预压力，否则无法正确测定。如果百分表的测量头部分及 V 形槽支撑部分有部分磨耗，得到的测定值是不准确的，一定要注意这一点，如图 14-18 所示。

图 14-17　曲轴圆跳动量测定

图 14-18　曲轴圆跳动量测定的注意事项

2. 平面与平行度的检测

虽然汽缸盖、制动后挡板的变形可以用直尺来测定，但若使用百分表来测定，则能更准确地求得各部位的尺寸差。

图 14-19 所示为制动后挡板在检测平板上进行变形检查的情形。测定时以装置面为基准面，由检测平板上各观测点所观测的数值即能发现各部位高低差，当然亦可了解变形的情形。

(二)百分表的使用注意事项

1. 百分表的使用维护注意事项

使用百分表时要注意以下几点：

(1)百分表内部构造和钟表相类似，应避免摔落或遭受强烈撞击。

(2)心轴上不可涂抹机油或油脂。如果心轴上沾有油污或灰尘而导致心轴无法平滑移动时,请使百分表保持垂直状态,再将套筒浸泡在品质极佳的汽油内浸至中央部位,来回移动数次后再用干净的抹布擦拭,即能恢复至原来平滑的情况。

(3)使用前,应检查测量杆活动的灵活性。即轻轻推动测量杆时,测量杆在套筒内的移动要灵活,没有任何轧卡现象,每次手松开后,指针能回到原来的刻度位置。

(4)使用时,必须把百分表固定在可靠的夹持架上。切不可贪图省事,随便夹在不稳固的地方,否则容易造成测量结果不准确,或摔坏百分表。

(5)测量平面时,百分表的测量杆要与平面垂直,测量圆柱形工件时,测量杆要与工件的中心线垂直,否则,将使测量杆活动不灵或测量结果不准确。

(6)使百分表远离液体,禁止冷却液、水、机油或其他油脂与测量杆接触,以免影响测量精度。

(7)在不使用时,要摘下百分表,使表解除其所有负荷,让测量杆处于自由状态,如图14-20所示。

(8)百分表为精密仪器,应避免摔落或遭受强烈撞击,或粗暴使用。

图14-19 平面与平行度的检测

图14-20 百分表的维护

2.百分表的保存

(1)为防止生锈,使用后立即擦拭并涂上一层防锈油。

(2)定期检查百分表的精密度。

(3)收藏时先将百分表放在工具盒内,再放置在湿度低、无振动的库房内。

思考与练习

一、填空题

1.百分表的工作原理是将_____引起的测杆微小直线移动,经过齿条齿轮或_____齿轮传动放大,变为指针在_____上的转动,从而读出被测尺寸的大小。

2.百分表的测量头包括4种类型:长型,适合在_____中使用;辊子型,用于测量_____;杠杆型,用于测量_____的部件;平板型,用于测量_____等。

3.百分表尺主要由_____、_____、_____、_____、_____、_____、_____、_____、_____等组成。

4.百分表的小表盘上有刻度,每个刻度是_____,大表盘上有_____个刻度,每一个刻度_____mm(精度规格会印在表内),大指针转1圈则小指针转_____个刻度。

5. 百分表的读数方法有两种：一种是_____（直接读取测量数值），另外一种是_____（根据指针摆动范围读取计算）。

6. 百分表在汽车维修过程中和其他的工具（如磁力表座）组合使用可以测量_____、_____、_____等。

7. 磁力表座组成的零件有：_____、_____、_____、_____四个部分。

8. 磁性底座的原理：当磁体旋转到_____位置，磁力线分别在两块导磁体中形成闭路时，表座可以轻易_____；旋转_____后，N、S极分别对两块导磁体，此时从N极到导磁体到导轨到另一块导磁体再到S极，形成磁力线闭合，可以牢牢地附着在_____上。

9. 百分表还可以和_____、_____和_____合并使用，从事弯曲、振动及平面状态的测定或检查。

10. 曲轴圆跳动量的检测以_____的公共轴线为基准，检查_____的径向圆跳动误差。

二、选择题

1. 百分表是一种精度较高的比较量具，它只能测出（　　），不能测出（　　）。
   A. 绝对值、相对值　　　　B. 相对值、绝对值
   C. 绝对值、准确值　　　　D. 准确值、绝对值

2. 百分表表盘刻度分为100格，当量头每移动0.01mm时，大指针偏转（　　）格；当量头每移动1.0mm时，大指针偏转（　　）周。小指针偏转1格相当于1mm。
   A. 1；0.5　　　B. 0.5；1　　　C. 1；1　　　D. 0.5；0.5

3. 误差测量数值的读数：在转动测量工件同时细心观察百分表（　　）指针的摆动范围（即在"0"刻度线左右的摆动范围），（　　）指针摆动的范围即为误差测量值。
   A. 大；大　　　B. 大；小　　　C. 小；大　　　D. 小；小

4. 中间主轴颈两侧的汽缸进气道短，进气阻力最小，进气充分，燃气压力大，所以中间主轴颈负荷最（　　），弯曲也最（　　）。
   A. 小；大　　　B. 大；小　　　C. 小；小　　　D. 大；大

5. 百分表的测量头顶住测定物时要保持（　　），并有一定的预压力。
   A. 30°　　　B. 45°　　　C. 60°　　　D. 90°

三、判断题

1. 百分表是一个精密的测量工具，不正确的使用方法不会造成测量误差。（　　）

2. 如果百分表的测量头部分及V形槽支撑部分有部分磨耗时，得到的测定值是不准确的。（　　）

3. 百分表内部构造和钟表相类似，可以摔落或遭受强烈撞击。（　　）

4. 心轴上不可涂抹机油或油脂。（　　）

5. 量杆在套筒内的移动要灵活，没有任何轧卡现象，每次手松开后，指针可以不回到原来的刻度位置。（　　）

6. 使用时，必须把百分表固定在可靠的夹持架上。（　　）

7. 测量平面时，百分表的测量杆要与平面垂直，测量圆柱形工件时，测量杆要与工件的中心线垂直，否则，将使测量杆活动不灵或测量结果不准确。（　　）

8. 使百分表远离液体，禁止冷却液、水或其他油脂与测量杆接触，但是可以和机油接触。（　　）

9. 在不使用时,要摘下百分表,使表解除其所有负荷,让测量杆处于自由状态。（　　）
10. 为防止生锈,使用后立即擦拭并涂上一层防锈油。（　　）

四、识图题

1. 请写出以下百分表的结构组成部分。

2. 请写出以下磁性表座组成部件的名称。

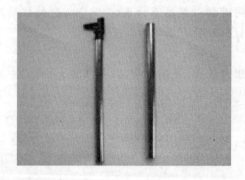

名称：_____

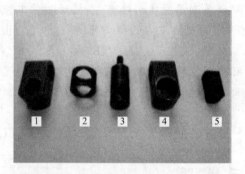

名称：_____

名称：_____

名称：_____

3. 请写出以下百分表的读数。

（1）读数为：＿＿＿＿＿＿＿＿＿＿　　（2）读数为：＿＿＿＿＿＿

五、简答题

1. 百分表的用途是什么？

2. 磁力表座的组成零件有哪些？

3. 如何测定曲轴的圆跳动量？

4. 如何测定制动后挡板的平行情况？

5. 如何保存百分表？

项目十五 量缸表的认知与使用

> **学习目标**
>
> 完成本项目学习后,你应能:
>   1. 说出量缸表的用途;
>   2. 说出量缸表的结构;
>   3. 说出量缸表的使用方法及注意事项。
>
> **建议学时**
>   2学时。

一、量缸表的用途

量缸表也叫内径百分表,是利用百分表制成的测量仪器,也是用于测量孔径的比较性测量工具。在汽车维修中,量缸表通常用于测量汽缸的磨耗量及内径。

量缸表其实是一种专门用于测量内径的比较量具,它只能测出相对值,不能测出绝对值。量缸表由一个百分表和一套测量表头组成(图15-1),其测量原理和百分表一样。

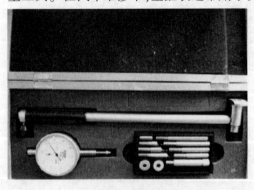

图15-1 量缸表

二、量缸表的结构

量缸表主要包括百分表、表杆、替换杆件和替换杆件锁止螺母等,如图15-2所示。

量缸表主要有百分表、百分表锁止螺母、隔热套、表杆、连杆座及固定测头、活动连杆测头、测杆锁止螺母等组成,如图15-3所示。

量缸表的百分表是反映测量数值的,锁止螺母是用来锁止百分表的,隔热套是避免人体体温而影响测量精度,活动连杆测头是可以更换和调整长度的,测杆锁止螺母是用于锁止调整活动杆。

三、量缸表的使用方法及注意事项

量缸表在汽车维修过程中和游标卡尺、千分尺组合使用就可以测量汽缸圆度和圆柱度(图15-4)。这些测量数据对汽车维护有着精确、直观的维修依据。

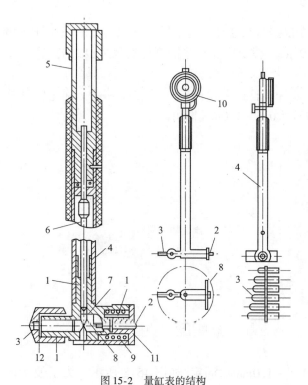

图 15-2 量缸表的结构

1-三通管;2-活动量杆;3-固定量杆;4-表管;5-插口;6-活动杆;7-杠杆;8-活动套;9-弹簧;10-百分表;11、12-锁止螺母

图 15-3 量缸表的结构组成

1-百分表;2-百分表锁止螺母;3-隔热套;4-表杆;5-连杆座及固定测头;6-活动连杆测头;7-测杆锁止螺母

 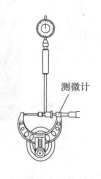 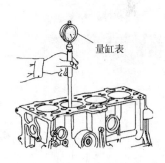

图 15-4 量缸表的使用

汽缸的工作环境复杂,是发动机中受力、温度、摩擦等方面都很复杂的零件之一,其经常会出现变形、磨损等损伤情况。当汽缸存在这些损伤情况后,发动机会出现汽缸和活塞的敲击声、烧机油、动力下降、油耗增加等。

(一) 量缸表的使用方法

1. 确定基本尺寸

使用游标卡尺测量缸径后获得基本尺寸,利用这些长度作为选择合适杆件的参考,如图 15-5 所示。

2. 确定测量杆

量缸表需要经过装配才能使用。首先根据所测缸径的基本尺寸选用合适的替换杆件和调整垫圈,使量杆长度比缸径大 0.5~1.0mm。替换杆件和垫圈都标有尺寸,根据缸径尺寸可任意组合。

量缸表的杆件除垫片调整式,还有螺旋杆调整式,如图 15-6、图 15-7 所示。无论哪种类型,只要将杆件的总长度调整至比所测缸径大 0.5~1.0mm 即可。

图 15-5 游标卡尺测量缸径

图 15-6 垫片调整式替换杆件

3. 安装百分表

将百分表插入表杆上部,预先压紧 0.5~1.0mm 后固定,如图 15-8 所示。为了便于读数,百分表表盘方向应与接杆方向平行或垂直。

图 15-7 螺旋杆调整式替换杆件

图 15-8 预压百分表

4. 确定测量杆长度

将外径千分尺调至所测缸径尺寸,并将千分尺固定在专用固定夹上,对量缸表进行校零。当大表针逆时针转动到最大值时,旋转百分表表盘使表盘上的零刻度线与其对齐,如图 15-9 所示。

5. 缸径测量

(1) 测量杆摆放。

慢慢地将导向板端(活动端)倾斜,使其先进入汽缸内,而后再使替换杆件端进入。导向板的两个支脚要和汽缸壁紧密配合,如图 15-10 所示。

(2) 百分表位置调整。

在测定位置维持导向板不动,而使替换杆件的前端做上下移动并观测指针的移动量,当量缸表的读数最小且量缸表和汽缸成真正直角时,再读取数据。读数最小即表针顺时针转至最大,在测量位置方面需参考维修手册。

图 15-9 量缸表校零

6. 量缸表的读数

量缸表的读数过程中,由于测杆头部的伸缩方向、百分表小指针和大指针转动方向,三者之间关系转换比较复杂,所以很多汽车维修技术人员在读取量缸表数值和对数据进行处理方面,容易存在思路混乱的情况,进而影响测量速度和结果的正确性,如图 15-11 所示。

图 15-10 缸径测量操作　　　　　　　图 15-11 量缸表的读数

（1）量缸表读数方法。

针对以上这些情况,专业人士总结了一句"十六字口诀",根据"口诀"的指导来操作,便可快速、准确地完成缸径数值的读取和计算。这一"口诀"是:"小小逆加,小大顺减;不变取小,逆加顺减。"

测量时首先要在心中记住量缸表标定时小指针的大致位置 A（此时大指针对零）,和使用的标定值 ϕ,然后按上面的口诀判断。

"小小逆加"——"小"指针"小"于 A,"逆"时针读大指针所指数值 B,然后与标定值 ϕ "相加",即:实际缸径 $=\phi+B$

"小大顺减"——"小"指针"大"于 A,"顺"时针读大指针所指数值 B,然后与标定值 ϕ "相减",即:实际缸径 $=\phi-B$

"不变取小,逆加顺减"——小指针变化太小,看似"不变",说明实际尺寸相对标定值 D 的变化很"小"。则对大指针"逆时针"或"顺时针"读,哪一个值小取哪个值,即"取小"。

若该值是"逆"时针读的,则与标定值 ϕ "相加",即:实际缸径 $=\phi+B$

若该值是"顺"时针读的,则与标定值 ϕ "相减",即:实际缸径 $=\phi-B$

读表时,首先要看小指针相对标定值,是变大、变小还是不变,然后根据口诀判断大指针应该顺时针读还是逆时针读,并判断是该与标定值 φ 相加还是相减。读取每个大指针数据后应随手记下"-B""+B"等数据,以备测量完成后集中进行计算。

(2)量缸"口诀"应用举例。

量缸"口诀"应用举例如下:测得原始缸径 φ = 86.3mm,作为缸径标定值。

量缸表标定(校表):如图 15-12 所示,以 φ = 86.3mm 标定校表,大指针对零,小指针大致在刻度 2~3 之间偏向 3(要记住,后面需要比较小指针变化情况)。

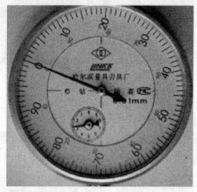 

图 15-12 量缸表的测量

测量一:如图 15-13 所示,小指针变小,逆时针读大指针,得到 +0.37mm

图 15-13 量缸表的测量 1

测量二:如图 15-14 所示,小指针变大,顺时针读大指针,得到 -0.38mm

图 15-14 量缸表的测量 2

测量三:如图 15-15 所示,小指针看似没变,逆时针读大指针,值较小,所以取 +0.10mm

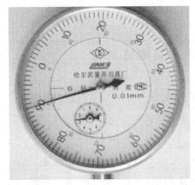

图 15-15　量缸表的测量 3

最后计算缸径分别为:

测量一:86.3 + 0.37 = 86.67mm

测量二:86.3 - 0.38 = 85.92mm

测量三:86.3 + 0.10 = 86.40mm

要点:在记小指针初始位置时,如图 15-12 所示,由于 2~3 之间没有等分刻度,只需记住小指针是在 2~3 之间,是在中间还是偏向 2 还是偏向 3 即可。

(3)圆度、圆柱度计算。

一般汽车汽缸磨损后允许圆度公差:汽油机为 0.05 mm,柴油机为 0.065 mm;汽缸圆柱度公差:汽油机为 0.20 mm,柴油机为 0.25 mm。如超出此范围,则应进行镗缸修理。

$$圆度 = \frac{测量最大值 - 测量最小值}{2}(同一平面)$$

$$圆柱度 = \frac{测量最大值 - 测量最小值}{2}(所有数据)$$

(二)量缸表的使用注意事项

(1)使用前,应检查百分表活动的灵活性。即轻轻推动测量杆时,测量杆在套筒内的移动要灵活,没有任何轧卡现象,每次手松开后,指针能回到原来的刻度位置。

(2)测量气缸直径摆动表杆时,一定要找准指针回摆点,否则测量结果将不准确。

(3)使百分表远离液体,禁止冷却液、水、机油或其他油脂与测量杆接触,以免影响测量精度。

(4)在不使用时,要摘下百分表,使表解除其所有负荷,让测量杆处于自由状态。

(5)百分表为精密仪器,应避免摔落或遭受强烈撞击,或粗暴使用。

思考与练习

一、填空题

1.在汽车维修中,量缸表通常用于测量汽缸的_____及_____。

2.量缸表主要包括_____、_____、_____和替换杆件锁止螺母等。

3.量缸表在汽车维修过程中和游标卡尺、千分尺组合使用就可以测量汽缸_____和_____。

4. 当汽缸存在_____、_____损伤情况后,发动机会出现汽缸和活塞的_____、_____、_____、_____等。

5. 量缸表的杆件除_____,还有_____。

6. 将外径千分尺调至_____尺寸,并将千分尺固定在_____上,对量缸表进行_____。

7. 量缸表在读数时的操作过程为:在测定位置维持_____不动,而使_____的前端做_____移动并观测_____的移动量。

8. 量缸表的读数"口诀"是:"_____"。

9. 测量时首先要在心中记住量缸表标定时_____指针的大致位置_____(此时大指针对零),和使用的标定值_____,然后按口诀判断。

10. "小小逆加"——"_____"指针"小"于_____,"逆"时针读_____指针所指数值 B,然后与标定值 ϕ"相加",即:实际缸径 = _____。

11. "小大顺减"——"_____"指针"大"于_____,"顺"时针读_____指针所指数值 B,然后与标定值 ϕ"相减",即:实际缸径 = _____。

12. "不变取小,逆加顺减"——小指针_____,看似"不变",说明实际尺寸相对标定值 D 的变化很"小"。则对大指针"逆时针"或"顺时针"读,哪一个值小取哪个值,即"取_____"。

13. 若该值是"逆"时针读的,则与标定值 ϕ"_____",即:实际缸径 = _____,若该值是"顺"时针读的,则与标定值 ϕ"_____",即:实际缸径 = _____。

14. 读表时,首先要看_____指针相对标定值,是_____还是不变,然后根据口诀判断大指针应该顺时针读、还是_____时针读,并判断是该与标定值 ϕ 相加还是_____。

15. 一般汽车汽缸圆度公差:汽油机为_____ mm,柴油机为_____ mm;汽缸圆柱度公差:汽油机为_____ mm,柴油机为_____ mm。

二、选择题

1. 量缸表其实是一种专门用于测量内径的比较量具,它只能测出( ),不能测出( )。
   A. 绝对值;相对值   B. 相对值;准确值   C. 相对值;绝对值   D. 准确值;绝对值

2. 为了便于读数,百分表表盘方向应与接杆方向平行或成( )。
   A. 30°   B. 45°   C. 60°   D. 90°

3. 量缸表在读数时:当大表针逆时针转动到( )值时,旋转百分表表盘使表盘上的零刻度线与其对齐。
   A. 最大   B. 最小   C. 中等   D. 不变

4. 在测定位置维持导向板不动,而使替换杆件的前端做上下移动并观测指针的移动量,当量缸表的读数最( )且量缸表和汽缸成真正( )时,再读取数据。
   A. 最大;90°   B. 最小;90°   C. 最小;45°   D. 最大;45°

5. 逆加顺减中,若该值是"逆"时针读的,则与标定值 ϕ"( )",即:实际缸径 = ( )。
   A. 相加;$\phi - B$ B. 相加;$\phi + B$ C. 相减;$\phi + B$ D. 相减;$\phi - B$

三、判断题

1. 在缸径的测量中,需慢慢地将替换杆件端进入,导向板端(活动端)倾斜,使其后进入汽缸内,导向板的两个支脚要和汽缸壁紧密配合。( )

2. 汽缸的工作环境复杂,是发动机中受力、温度、摩擦等方面都很复杂的零件之一,其经常会出现变形、磨损等损伤情况。（   ）

3. 量缸表需要经过装配才能使用。首先根据所测缸径的基本尺寸选用合适的替换杆件和调整垫圈,使量杆长度比缸径小 0.5~1.0mm。（   ）

4. 将百分表插入表杆上部,预先压紧 0.5~1.0mm 后固定。为了便于读数,百分表表盘方向应与接杆方向平行或垂直。（   ）

5. 测量汽缸直径摆动表杆时,一定要找准指针回摆点,否则测量结果将不准确。（   ）

6. 一般汽车汽缸圆度公差:汽油机为 0.05 mm,柴油机为 0.65 mm。（   ）

7. 汽缸圆柱度公差:汽油机为 0.02mm,柴油机为 0.25 mm。（   ）

8. 量缸表的读数"口诀"是:"小小逆加,小大顺减;不变取小,逆加顺减"。（   ）

9. 使百分表远离液体,禁止冷却液、水或其他油脂（机油除外）与测量杆接触,以免影响测量精度。（   ）

10. 百分表为精密仪器,应避免摔落或遭受强烈撞击,或粗暴使用。（   ）

四、识图题

1. 请写出以下部件的名称。

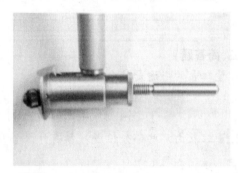

名称：_____   名称：_____

2. 请写出以下量缸表剖面图的结构名称。

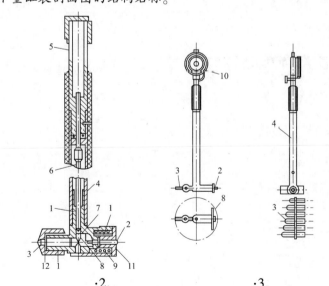

1. _____ ;2. _____ ;3. _____ ;

4._____;5._____;6._____;
7._____;8._____;9._____;
10._____;11._____;12._____。

3.请写出以下量缸表实物图的名称。

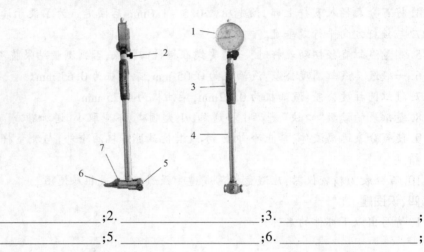

1._____;2._____;3._____;
4._____;5._____;6._____;
7._____。

五、简答题

1.量缸表的用途是什么？

2.量缸表由哪些部分组成？各有什么作用？

3.量缸表的读数应如何进行？

4.量缸表的使用注意事项有哪些？

项目十六　万用表的认知与使用

> **学习目标**
>
> 完成本项目学习后,你应能:
>   1. 说出万用表的用途、类型;
>   2. 描述万用表的外观界面及会使用表笔;
>   3. 说出万用表的使用方法及注意事项。
>
> **建议学时**
>   2学时。

一、概述

万用表是一种带有整流器的,可以测量直流电流、交流电流、直流电压、交流电压及电阻等多种电学参量的磁电式仪表,是一种多功能、多量程的便携式电工电子仪表。万用表是由磁电系电流表(表头)、测量电路和选择开关等组成的,具有结构简单、便于携带、使用方便、用途多样、量程范围广等特点,因而它被广泛应用于电路维修、信号测量等场合,是最常见的电路信号测量工具之一。通过选择开关的变换,万用表可方便地对多种电学参量进行测量。万用表种类很多,使用时应根据不同的要求进行选择。

（一）万用表的用途

一般的万用表可以测量直流电流、直流电压、交流电压和电阻等,如图16-1所示。有些万用表还可以测量电容、电感、功率、晶体管共射级直流放大系数等。

（二）万用表的类型

(1)按万用表的内部结构划分,常用的万用表有指针式和数字式两种,主要用于进行电流、电压、电阻以及导线的通断性、电子元件的检测等,如图16-2所示。

图16-1　万用表

指针式万用表是以机械表头为核心部件构成的多功能测量仪表,所测数值由表头指针指示读取。

数字式万用表所测数值由液晶屏幕直接以数字的形式显示,同时还带有某些语音的提示功能。

(2)按外形划分,万用表有台式、钳形式、手持式和袖珍式等,如图16-3所示。

a)指针式万用表　　　　　　　　　b)数字式万用表

图 16-2　万用表按内部结构划分

a)台式万用表　　　　　　　　　b)钳式万用表

c)手持式万用表　　　　　　　　d)袖珍式万用表

图 16-3　万用表按外形划分

二、万用表的外观界面

(一)指针式万用表的外观界面组成

指针式万用表有很多形式,但基本结构是类似的。指针式万用表的结构主要由表头、转换开关(又称选择开关)、测量线路三部分组成,如图 16-4 所示。

1. 表头

表头是测量的显示装置,万用表的表头实际上是一个灵敏电流计,如图 16-5 所示。

2. 转换开关

可通过转换开关选择被测电量的种类和量程(或倍率),如图 16-6 所示。

项目十六　万用表的认知与使用

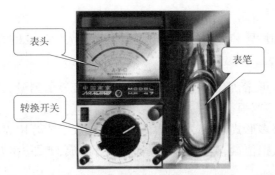

图 16-4　指针式万用表的外观界面

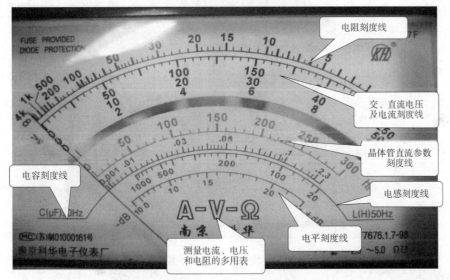

图 16-5　指针式万用表表头

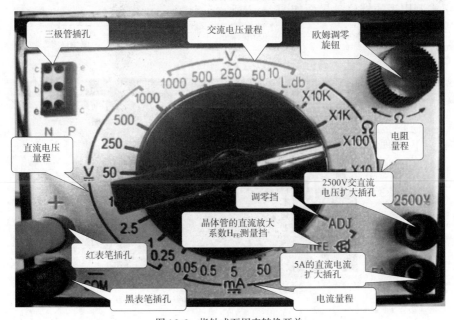

图 16-6　指针式万用表转换开关

3. 测量线路

测量电路可将不同性质和大小的被测电量转换为表头所接受的直流电流。

(二) 数字式万用表

数字式万用表工作可靠,它最大的优点就是可以直接显示测量数据,而指针式万用表的读数则不能直接显示,需要根据量程及指针摆度进行计算。

数字式万用表有很多形式,但基本结构是类似的。数字式万用表的结构主要由显示屏、电源开关、数据锁定键、挡位盘、测试插口、表笔六部分组成,如图16-7所示。

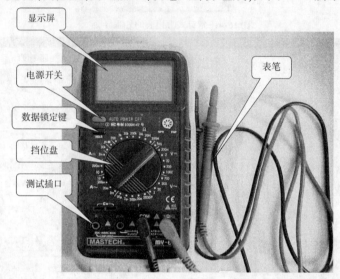

图16-7　数字式万用表的界面组成

1. 挡位盘

数字式万用表的挡位盘界面如图16-8所示。

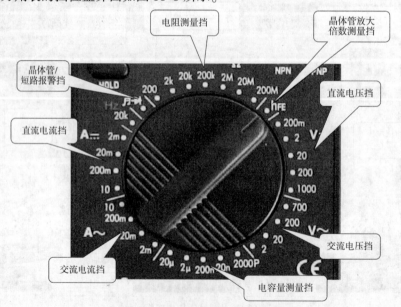

图16-8　数字式万用表的挡位盘界面

2. 插口

数字式万用表的插口界面如图 16-9 所示。

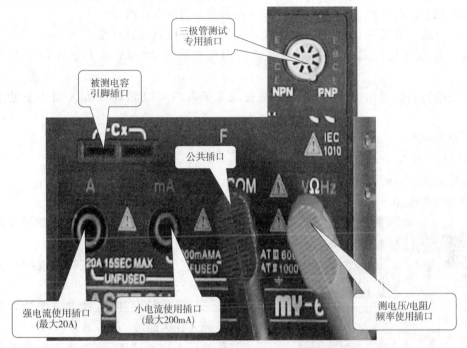

图 16-9 数字式万用表的插口界面

表笔位于输入插口在面板的下部,标有"COM""V·Ω""mA"和"10A"。使用时,黑表笔插入"COM"插口,红表笔根据被测量的种类和大小插入"V·Ω""mA"或"10A"的插口中,如图 16-10 所示。

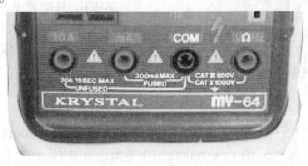

图 16-10 表笔插口界面

(三) 以尤利得数字万用表(UT39C)为例进行外观界面功能说明与量程说明

1. 功能说明

万用表功能说明,如图 16-11 所示。

① 是蜂鸣挡及测量二极管的位置,将功能选择开关调至该挡位可以对二极管及线路进行检测。

② 是万用表电源开关,使用万用表时应先将电源开关闭合。

③ 是电阻的符号,将功能选择开关调至该挡位可以对电阻及线路进行检测。

④是温度的符号,将功能选择开关调至该挡位可以检测温度。

⑤是电容器的符号,将功能选择开关调至该挡位可以检测电容器。

⑥是电容器的插孔,检测电容器时将电容器的引线插入孔内即可。

⑦是直流电流的符号,将功能选择开关调至该挡位可以测量直流。

⑧是表笔插孔,将红表笔插入表笔插孔内可以测量200mA以上20A以下的交直流电流。

⑨是毫安表笔插孔,将红表笔插入毫安表笔插孔内可以测量200mA可以下的交直流电流。

⑩是显示屏。

⑪是锁止开关。

⑫是交流电压的符号,将功能选择开关调至该挡位可以测量交流电压。

⑬是功能选择开关。

图16-11 尤利得万用表

⑭是直流电压的符号,将功能选择开关调至该挡位可以测量直流电压。

⑮是检测三极管的位置,将功能选择开关调至该挡位可以对三极管进行测量。

⑯是三极管的检测插孔,检测三极管时将三极管的引线插入孔内即可。

⑰是测量频率的位置,将功能选择开关调至该挡位可以测量频率。

⑱是交流电流的符号,将功能选择开关调至该挡位可以测量交流电流。

⑲是表笔插孔,是测量电压、电阻、频率、温度、电流的共用插孔。

⑳是表笔插孔,测量电压、电阻、频率、温度的共用插孔。

2.量程范围说明

(1)电阻的量程范围:

①200,表示可以测量200Ω以下电阻的电阻值。

②2K,表示可以测量200Ω以上2000Ω以下电阻的电阻值。

③20K,表示可以测量2000Ω以上2万Ω以下电阻的电阻值。

④2M,表示可以测量2万Ω以上200万Ω以下电阻的电阻值。

⑤20M,表示可以测量200万Ω以上2000万Ω以下电阻的电阻值。

(2)交流电压的量程范围:

①2,表示可以测量2V以下交流电压的电压值。

②20,表示可以测量2V以上20V以下交流电压的电压值。

③200,表示可以测量20V以上200V以下交流电压的电压值。

④750,表示可以测量200V以上750V以下交流电压的电压值。

(3)直流电压的量程范围:
①200m,表示可以测量200mV以下直流电压的电压值。
②2,表示可以测量2V以下直流电压的电压值。
③20,表示可以测量2V以上20V以下直流电压的电压值。
④200,表示可以测量20V以上200V以下直流电压的电压值。
⑤1000,表示可以测量200V以上1000V以下直流电压的电压值。
(4)电容器的量程范围:
①2nF,表示可以测量2nF以下电容器的容量。
②200nF,表示可以测量2nF以上200nF以下电容器的容量。
③20uF,表示可以测量200nF以上20μF以下的电容器。
(5)交流电流的量程范围:
①2m,表示可以测量2mA以下交流电流的电流值。
②200m,表示可以测量2mA以上200mA以下交流电流的电流值。
③20,表示可以测量200mA以上20A以下交流电流的电流值。
(6)直流电流的量程范围:
①2m,表示可以测量2mA以下直流电流的电流值。
②200m,表示可以测量2mA以上200mA以下直流电流的电流值。
③20,表示可以测量200mA以上20A以下直流电流的电流值。
(7)频率的量程范围:
①2K,表示可以测量2000Hz以下频率的频率值。
②20K,表示可以测量2000Hz以上20000Hz以下频率的频率值。

三、数字式万用表的使用方法及注意事项

在汽车维修中使用最多的是数字式万用表,指针式万用表不能用于汽车电子元件的测试,否则会因检测电流过大而烧坏电子控制元件或电子控制单元(ECU)。

(一)数字式万用表的使用方法

(1)数字式万用表使用前应将电源开关按下,电源开关为按钮式开关。

(2)用万用表测量电阻时应先对万用表进行校对。校对的方法是:将万用表功能选择开关调至电阻挡200的位置上,然后将两表笔短接,显示的数值就是万用表的内阻值。

万用表内阻值的大小与万用表电池电压的高低有关,万用表的内电阻会随万用表电池电压的下降而增大。在测量线路或用电器时该阻值与线路或用电器的阻值叠加在一起,确定线路或用电器的阻值时应用实际测得的值减去万用表的内阻值。

(3)使用数字式万用表测量电压。

直流电压是汽车电气设备维修中最常用到的测量项目。测量时应将红表笔插入"V·Ω"插口,黑表笔插入"COM"插口,将量程开关拨至"DCV"范围内的适当量程挡,将电源开关打开,将红表笔接正极,黑表笔接负极,并联于电路测试点上,显示器上就出现测量值。

测量交流电压方法,类同于直流电压测量,只是要把量程开关拨至"ACV"范围内的适当量程挡,如图16-12所示。

普通万用表，不得接高于1000V的直流电压或有效值高于750V以上的交流电压。

(4) 使用数字万用表测量电阻。

测量电阻时，将量程开关拨至"Ω"挡范围内的适当量程。将红色测试导线插入"V·Ω"插口，并将黑色测试导线插入"COM"端子。将测量表笔接触到被测元件的两端，显示屏上便可显示此元件的电阻值。

当把量程开关调至通断挡，若被测元件或导线不超过50Ω，蜂鸣器就会发出连续报警音，表明短路。

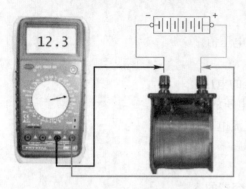

图 16-12　数字万用表测量电压

在测量电阻或电路的通断性时，为避免受到电击或造成万用表损坏，请确保电路的电源已关闭，并将所有电容放电，如图 16-13 所示。

(5) 使用数字万用表测量电流。

测直流电流时，把红表笔插入"mA"插口，若所测电流大于200mA时，需插入"10A"插口，并将黑色测试导线插入"COM"插口。将量程开关拨到"DCA"范围内的适当量程挡，打开电源开关，将两表笔串联接在测量点上，这样就可在显示屏上读出测量值了。

交流电流的测量方法，类同于直流电流的测量，只是要把量程开关拨至"ACA"范围内适当的量程挡，如图 16-14 所示。

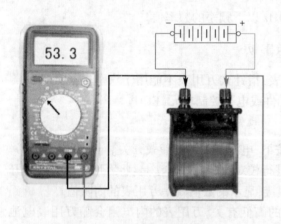

图 16-13　数字万用表测量电阻　　　　　图 16-14　数字万用表测电流

(6) 使用万用表测量其他。

使用万用表测量其他如晶体管、电容、频率、温度等，其方法与测量电流、电压类似，也是先按测量要求选择插口，然后校对量具，再选择量程，最后进行测量记录，在此不一一展开介绍，方法、过程同操作电流、电压检测即可。

(二) 数字万用表的使用注意事项

(1) 使用万用表时应轻拿轻放。

(2)不使用时应将万用表放置在干燥的地方,不能放置在潮湿和有腐蚀的地方。

(3)使用万用表时,应先对万用表表笔进行检查,检查表笔绝缘是否良好,表笔绝缘有无裂纹。使用万用表测量高电压时,两只手应握住表笔的绝缘部分,身体任何部位不得与带电表笔的金属部分接触,以免造成触电事故。

(4)正确选择量程,不能超量程测量电压和电流,超量程地测量电压和电流将会导致万用表损坏。

(5)不能在电阻挡、蜂鸣挡、电流挡上进行电压的测量,在电阻挡、蜂鸣挡位置上测量电压,会导致万用表的损坏。在电流挡上进行电压测量,会导致电源直接短路、损坏万用表和危及人身安全。

(6)万用表每次使用完毕后,都应将功能选择开关调至在交流电压挡最大量程的位置上。

(三)数字万用表的日常维护

更换电池和熔断丝时,为避免错误的读数导致电击或人员伤害,电池显示灯(▇▇▇)亮时应尽快更换电池。打开机壳或电池门以前,须把测试线断开,电源关闭后方可进行。

万用表使用完毕后应关闭电源,放回盒子,保存于干燥且干净的地方,禁止把万用表放在高温、易冲击或者容易掉下的地方。

思考与练习

一、填空题

1. 万用表是一种带有_____的,可以测量_____、_____、_____及_____等多种电学参量的磁电式仪表。
2. 万用表是由_____、_____和_____等组成的。
3. 万用表是一种_____、_____的便携式电工电子仪表。
4. 万用表具有_____、_____、_____、_____等特点。
5. 一般的万用表可以测量直流电流、直流电压、交流电压和电阻等。有些万用表还可以测量_____、_____、晶体管共射极直流放大系数等。
6. 常见的万用表有_____和两种。主要用于_____、_____以及_____、_____等。
7. 按万用表的内部结构划分,常用的万用表有_____和_____两种。
8. 按外形划分,万用表有_____、_____和_____。
9. 指针式万用表的结构主要由_____、_____、_____三部分组成。
10. 表头是测量的_____装置,万用表的表头实际上是一个_____。
11. 可通过_____选择被测电量的种类和量程(或倍率)。
12. 测量线路是将不同性质和大小的_____转换为表头所接受的_____。
13. 数字式万用表工作可靠,它最大的优点就是可以_____。
14. 数字式万用表的结构主要由_____、_____、_____、_____。

_____六部分组成。

15.表笔位于输入插口在面板的下部,标有_____、_____、_____和"10 A"。使用时,_____表笔插入"COM"插孔,_____表笔根据被测量的种类和大小插入"V·Ω""mA"或"10A"的插孔中。

二、选择题

1.用万用表测量1000mV的交流电压,功能开关应调至在交流电压挡上,正确量程选取为( )。

A.2   B.20
C.200 D.750

2.用万用表测量0.1Ω的电阻时,功能开关应调至在电阻挡上,正确量程选取为( )。

A.200M B.2M
C.200   D.2K

3.用万用表测量20.1kΩ的电阻时,功能开关应调至在电阻挡上,正确量程选取为( )。

A.20K   B.2M
C.200M D.200

4.万用表面板上的锁止开关的作用是将( )。

A.用电器锁止   B.万用表显示屏上的值进行锁止
C.电源开关锁止

5.用万用表测量电流时万用表应与负载组成( )。

A.混联电路   B.并联电路
C.串联电路

三、判断题

1.用万用表测量交流电源电压时,万用表的两只表笔可以任意同时接一根火线和零线。( )

2.万用表面板上的COM插孔是插黑表笔的插孔。( )

3.万用表面板上的750表示是可以测量交流电压的位置,将功能开关调至该位置时表示在这个挡位上可以测量750V以上的交流电压。( )

4.电阻10kΩ等于10000Ω,1MΩ等于100000Ω。( )

5.交流电压1V等于10mV。( )

6.直流电压1V等于100mV。( )

7.交流电流1A等于1000mA。( )

8.一般的万用表可以测量直流电流、直流电压、交流电压和电阻等。( )

9.常见的万用表有指针式、手持式和数字式三种。( )

10.数字万用表使用前应将电源开关按下,电源开关为按钮式开关。( )

四、识图题

1. 请写出指针式万用表外观界面结构的序号名称。

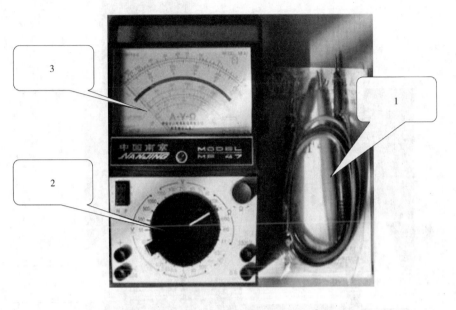

1._____;2._____;3._____。

2. 请写出数字式万用表外观界面结构的序号名称。

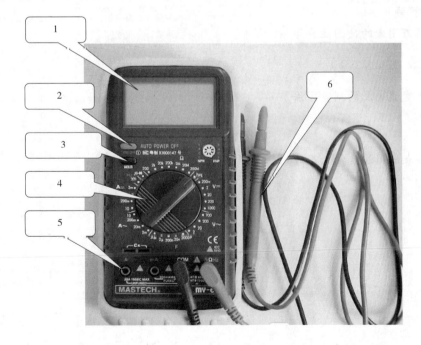

1._____;2._____;3._____;
4._____;5._____;6._____。

3. 请写出数字式万用表插口的序号名称。

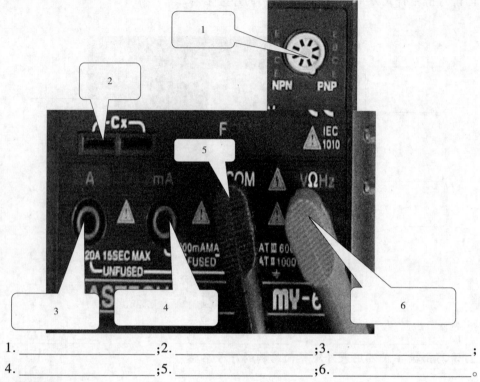

1. _____;2. _____;3. _____;
4. _____;5. _____;6. _____。

五、简答题

1. 简述万用表的使用注意事项。

2. 简述直流电压的测量方法。

3. 万用表的用途是什么？万用表有哪些类型？

项目十七 压力表的认知与使用

学习目标

完成本项目学习后,你应能:
1. 说出压力表的用途以及能够进行简单压力单位的换算;
2. 识别常用压力表(燃油压力表、轮胎气压表、汽缸压力表);
3. 说出燃油压力表、轮胎气压表、汽缸压力表的使用方法及注意事项。

建议学时
2学时。

压力表(英文名称:pressure gauge)是指以弹性元件为敏感元件,测量并指示高于环境压力的仪表,应用极为普遍,几乎遍及所有的工业流程和科研领域,在热力管网、油气传输、供水供气系统、车辆维修厂店等领域随处可见。

一、压力表

(一)压力表的用途

压力表是显示承压设备系统压力大小的仪表,用来严密监视承压设备受压元件的承压情况,把压力控制在允许的压力范围之内,是实现承压设备安全运行的基本条件和基本要求,如图17-1所示。

(二)压力表的工作原理

弹簧管在压力和真空作用下,产生弹性变形引起管端位移,其位移通过机械传动机构(拉杆)进行放大,传递给指示装置,再由指针在刻有法定计量单位的分度盘上指出被测压力或真空值,如图17-2所示。

图17-1 压力表

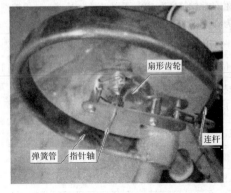

图17-2 压力表工作原理

机械压力表中弹性敏感元件随着压力的变化而产生弹性变形。机械压力表采用弹簧管（波登管）、膜片、膜盒及波纹管等敏感元件并按此分类，如图17-3、图17-4所示。其所测的压力一般视为相对压力。一般相对点选为大气压力。弹性元件在介质压力的作用下产生弹性变形，通过压力表的齿轮传动机构放大，压力表就会显示出相对于大气压力的相对值（或高或低）。在测量范围内的压力值由指针显示，刻度盘的指示范围一般做成270°。

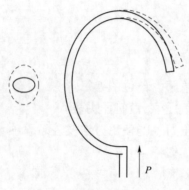
图17-3 弹簧管式弹性元件

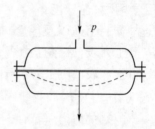
图17-4 膜片式弹簧元件

（三）压力单位

压力是指物体单位表面积所承受的垂直作用力，在物理学上称为压强。其基本公式为：

$$p = \frac{F}{S}$$

式中：p——作用的压力，Pa；

F——作用力，N；

S——作用面积，m^2。

压力的国际制单位是"帕斯卡"，简称"帕"，符号为"Pa"。其物理意义是：1牛顿（N）的力垂直作用在1平方米（m^2）面积上所形成的压力。

常用压力计量单位及其标识符号，见表17-1。

常用压力计量单位　　　　　　　　　　　　　表17-1

▲ 兆帕（MPa）；千帕（kPa）；帕（Pa）
※：压力单位的兆帕符号为MPa，不要书写为Mp、mpa；千帕符号为kPa，不要书写为KPa、Kpa或kpa；帕的符号为Pa，不要书写为pa
▲ 磅力/平方英寸（lbf/in², psi）
※：压力单位的磅力/平方英寸符号为lbf/in²，psi 不要书写为Ibf/ln²，Psi
▲ 毫米汞柱（mmHg）
※：压力单位的毫米汞柱符号为mmHg，不要书写为mmhg
▲ 英寸汞柱（inHg）
※：压力单位的英寸汞柱符号为inHg，不要书写为inhg
▲ 毫米水柱（mmH₂O）
※：压力单位的毫米水柱符号为mmH₂O，不要书写为mmh₂0

续上表

▲ 英寸水柱(inH₂O)
※：压力单位的英寸水柱符号为 inH₂O，不要书写为 inh₂O
▲ 千克力/平方厘米(kgf/cm²)
※：压力单位的千克力/平方厘米符号为 kgf/cm²，不要书为 Kgf/cm²
▲ 物理大气压(atm)
※：压力单位的物理大气压符号为 atm，不要书写为 Atm
▲ 巴(bar)；毫巴(mbar)
※：压力单位的巴和毫巴符号为 bar 和 mbar，不要书写为 Bar 和 mBar
● 托(Torr)
※：压力单位的托符号为 Torr，不要书写为 torr

压力表上的压力有三种单位，分别为 MPa、kgf/cm² 及 psi 三种。MPa 是国际单位制的压力单位；kgf/cm² 是公制的压力单位；psi 为英制的压力单位，压力单位换算见表 17-2。

三者间的关系为：$1MPa = 10.2kgf/cm^2 = 150psi$。

工程上人们常说的多少公斤压力指的是 kg/cm^2，而压力表上常标的是 MPa。

$1N/m^2 = 1Pa$ $1kgf = 9.8N$ $1m^2 = 10000cm^2$

所以 $1kg/cm^2 = 98kPa = 0.098MPa$ 工程上人们近似地取 $1MPa = 10kg/cm^2$，见表 17-2。

压力单位换算表   表 17-2

单位	Pa	kPa	MPa	bar	mbar	kgf/cm²	cmH₂O	mmH₂O	mmHg	psi
Pa	1	10^{-3}	10^{-6}	10^{-5}	10^{-2}	10.2×10^{-6}	1.02×10^{-3}	101.97×10^{-3}	7.5×10^{-3}	0.15×10^{-3}
kPa	10^3	1	10^{-3}	10^{-2}	10	10.2×10^{-3}	10.2	101.97	7.5	0.15
MPa	10^6	10^3	1	10	10^4	10.2	1.02×10^3	101.97×10^3	7.5×10^3	0.15×10^3
bar	10^5	10^2	10^{-1}	1	10^3	1.02	1.02×10^3	10.2×10^3	750.06	14.5
mbar	10^2	10^{-1}	10^{-4}	10	1	1.02×10^{-3}	1.02	10.2	0.75	14.5×10^{-3}
kgf/cm²	98066.5	98.07	98.07×10^{-3}	0.98	980.67	1	1000	10.000	735.56	14.22
cmH₂O	98.06	98.07×10^{-3}	98.07×10^{-6}	0.98×10^{-3}	0.98	10^{-3}	1	10	0.74	14.22×10^3

续上表

单位	Pa	kPa	MPa	bar	mbar	kgf/cm²	cmH₂O	mmH₂O	mmHg	psi
mmH₂O	9.806	9.807 × 10⁻³	9.807 × 10⁻⁶	98.07 × 10⁻⁶	98.07 × 10⁻³	10⁻⁴	0.1	1	73.56 × 10⁻³	1.42 × 10⁻³
mmHg	133.32	133.32 × 10⁻³	133.32 × 10⁻⁶	1.33 × 10⁻³	1.33	1.36 × 10⁻³	1.36	13.6	1	19.34 × 10⁻³
psi	6894.76	6.89	6.89 × 10⁻³	68.95 × 10⁻³	68.95	70.31 × 10⁻³	70.31	703.07	51.71	1

(四) 压力表的读数

看压力表时,应使眼睛对准表盘刻度,眼睛与指针、刻度垂直,待压力稳定后读数;若压力不稳,指针摆动,应多读取几次(即读取指针的最大值和最小值),取算术平均值。

二、汽车维修常用压力表

在汽车维修中,常见的压力表有燃油压力表、轮胎气压表、汽缸压力表。

(一) 燃油压力表

燃油压力表如图 17-5 所示,用于检测发动机运转时燃油管路内的油压,可以判断电动汽油泵或油压调节器有无故障、汽油滤清器是否有堵塞、燃油管路是否有泄漏等。

(二) 汽缸压力表

汽缸压力表,如图 17-6 所示,汽缸压力表可用来做汽缸压缩压力实验,测定值可以了解汽缸、活塞、气门、油塞环密封是否良好以及各汽缸之间的压缩压力差。

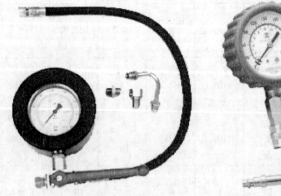

图 17-5 燃油压力表

图 17-6 汽缸压力表

汽缸压力是发动机做功行程混合气燃烧时,通过产生的气体压力推动活塞上下运动做功。汽缸压力过低会引起功率损失,导致发动机的动力性、经济性下降,汽车行驶无力,油耗增加,起动困难等。汽缸压力过高会引起发动机工作粗暴、过热。漏气、润滑不足会引起汽缸压力过低,漏气的原因有气门、汽缸垫、汽缸盖、气环、油环、活塞损坏等影响密封,而活塞积炭、发动机压缩比增大等会引起汽缸压力过低。

(三) 轮胎压力表

轮胎压力表或车用胎压表(tire pressure gauge)是一种特殊压力表,专用于测量汽车、卡车、自行车等车轮胎内的压力。轮胎压力表采用压力传感技术,测量精度高(误差小于0.05%),且使用寿命长,如图17-7所示。用轮胎压力表及时测试轮胎压力,可使驾驶员能及时了解自己爱车轮胎的胎压。指针式轮胎压力表操作简单,数字式轮胎压力表读数方便,警报式轮胎压力表不显胎压值。

a)指针式轮胎压力表　　　　　　　　b)数字式轮胎压力表

图17-7　轮胎压力表

三、常用压力表的使用方法及注意事项

(一) 常用压力表的使用方法

1. 燃油压力表

检测燃油时将燃油压力表用三通接头接在燃油压力调节器和喷油嘴之间的管路上进行测量。由测得值可容易判断电动汽油泵、油压调节器等燃油系统元件的工作情况。

(1) 卸掉燃油系统残余油压。

①发动机运转法。

拔掉燃油泵熔断丝(使电动燃油泵停止工作),起动发动机,利用发动机的运转消耗掉燃油系统的残余油压。

②直接释放法(注意防火)。

用棉纱包住燃油滤清器的油管接头,用工具慢慢松开油管接头,利用棉纱吸收从油管接头渗出的燃油,直至燃油系统的残余油压被完全释放,然后再拧紧油管接头。

(2) 接入燃油压力表,如图17-8所示。

拆卸供油管与供油轨的连接螺钉(注意妥善处理燃油管内剩余的燃油),采用专用燃油检测软管和接头(最好采用带开关的三通接头,以便进行如后所述的内渗诊断,有开关的一端接供油轨,没有开关的一端接供油管)接入燃油压力表。

(3) 检测静态油压。

用一根导线将电动汽油泵的两个检测插孔

图17-8　安装燃油压力表

短接,接通点火开关,若电动汽油泵进行5s自动泵油,说明电子控制单元(ECU)做了初始化运作,电源到ECU的电路及ECU控制油泵的电路正常,油泵工作良好,否则,应该检查ECU到油泵的电路、主继电器及油泵继电器等处工作是否正常。电动汽油泵进行5s自动泵油后,观察燃油压力表上的燃油压力,初始油压正常值为300kPa左右,若油压表指针在300kPa左右摆动,说明油压调节器工作正常。测量初始油压结束5min后,观察油压表指示的燃油系统保持压力,应不低于147kPa。若油压过高,应检查油压调节路工作是否正常;若油压过低,应检查电动汽油泵保持压力、油压调节器保持压力及喷油器有无泄漏(具体油压数据查所用车型的维修手册),如图17-9所示。

图17-9 燃油系统初始油压的测量

(4)检测怠速工况油压。

起动发动机,怠速运转,观察燃油压力表指示的燃油系统压力应不低于250kPa。否则,检查真空表是否泄漏或插错,踩下加速踏板,在节气门全开时观察燃油压力表指示的加速油压,应不低于300kPa。否则,检查真空管是否泄漏或插错(具体油压数据查所用车型的维修手册),如图17-10所示。

(5)检测正常运行时的油压。

拔下油压调节器上的真空软管,用手堵住,让发动机怠速运转,观察燃油压力表指示的油压,应该和节气门全开时的燃油压力基本相同(具体油压数据查所用车型的维修手册),如图17-11所示。

图17-10 发动机工作时燃油压力的测量

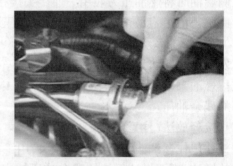

图17-11 拔下油压调节器真空管后的燃油压力测量

(6)检测系统最高油压。

拔下油压调节器上的真空软管,用手堵住,让发动机运转,观察燃油压力表指示的最大燃油压力。此时油压上升为工作油压的2~3倍,即490~640kPa。否则,应检查油泵是否堵塞或磨损,油路是否有泄漏(具体油压数据查所用车型的维修手册),如图17-12所示。

(7)残余油压检测。

熄灭发动机,此时观察燃油压力表,燃油系统的残余油压应不低于147kPa,且稳定30s不下降,否则,系统漏油,应进一步检查系统的压力(具体数据查所用车型的维修手册),如图17-13所示。

图 17-12 燃油系统最大压力的测量

图 17-13 燃油系统残余油压的测量

2. 汽缸压力表

专门用于检查汽缸内气体压缩压力大小的仪器。

汽缸压力表的使用方法：

(1)起动发动机并运转到正常工作温度，熄火并等发动机停止运转后，卸下全部火花塞，如图 17-14 所示。

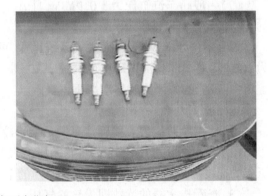
图 17-14 卸下火花塞

(2)将压力表的连接头压紧在火花塞孔上，如图 17-15 所示。

图 17-15 压力表压紧火花塞孔

(3)使节气门全开，用起动机转动曲轴 3~5s。此时仪表上的指针会逐渐上升，到某一数值即会停止，此时的指示值就是汽缸的压缩压力，如图 17-16 所示。

163

(4)按一下汽缸压力表单向阀,使指针归零,如图17-17所示。

图17-16 汽缸压力测量

图17-17 压力表指针归零

(5)按以上步骤,依次测量各汽缸,每缸测量2~3次,以提高测量精度,每缸测量结果取算术平均数。

(6)各缸气压检测完毕后,拆卸汽缸压力表,按照步骤安装火花塞,安装高压分线、安装发动机装饰罩。

(7)一般轿车汽缸压力>0.9MPa,且Δ<8%(各缸压力差,汽油机不超过各缸平均压力的8%)。

如测定值小于规定值,而进气系统正常,可说明汽缸与活塞、缸盖存在泄漏,可能的原因为汽缸、活塞、气门、活塞环出现磨损、烧蚀等不良情况。如测定值大于规定值,而进排气系统正常,可能的原因为燃烧室严重积炭。

3. 轮胎压力表

(1)检查轮胎压力表并确认车辆是处于冷车状态。

(2)取下轮胎的气门嘴盖,将轮胎压力表的测压嘴对准轮胎上的气门嘴垂直用力压入。压入的速度需要迅速,以不会导致轮胎内的空气泄漏。

(3)查看指示器的读数即为轮胎气压。

(4)根据车门侧的胎压要求,确定胎压是否符合要求;如果胎压过高,该轮胎压力表可用于放气;如果胎压过低,应立即用车载充气泵补气至安全胎压,并重新测量查核准确胎压。

(5)将气门嘴帽盖回。

(二)常用压力表的使用注意事项

1. 燃油压力表的使用注意事项

(1)使用时,要规范操作,防止燃油压力表掉落在地。

(2)橡胶接头要连接牢固,以免产生漏气,影响发动机的性能。

(3)起动发动机前,确保各元件之间的连接良好,以免出现故障。

(4)保持燃油压力表各管路与汽车的运动部件有一定距离,例如:传动皮带、风扇、齿轮等。

(5)防止仪器被冷却液、水、油或其他液体弄湿。

(6)不得在测试过程中随意起动或加速,应严格按照测试要求进行。

(7)按要求拆下油压表,安装好油管。

(8)使用完毕后,应将所有的接头,测试仪器完整保存。

2. 汽缸压力表的使用注意事项

(1)汽缸压力表是一种精密仪器,在传递、接收的过程中,应小心谨慎,轻拿轻放,正确操作,以免损伤汽缸压力表。

(2)连接表头与软管时,将快速接头推向表头,然后对正软管和表头的接头,最后下推快速接头使之复位,则表头和软管便连接起来。

(3)变速器置于空挡或驻车挡并拉紧驻车制动器操纵杆,这是安全操作的基本要求。其目的是防止发动机起动时车辆突然移动而导致事故发生。

(4)运转发动机之前,蓄电池电量充足,要求发动机的转速不得低于150r/min。

(5)起动机的连续运转时间不得超过5s,否则由于电流过载容易烧毁起动机。

(6)汽缸压力表上的泄压阀用于释放表内压力,便于进行再次测量。

(7)发动机汽缸压力应多次测量取其平均值,最后确定汽缸压力的实际状况。

3. 轮胎压力表的使用注意事项

(1)车辆需停放于平地,务必在冷车时测量轮胎压力。

(2)在测量时,必须注意气压表与气门嘴对准,不要有漏气现象,否则测出的值不准。

(3)一个月至少检查一次轮胎的气压。在未熟练测胎压的操作前,可多测几次以确定读数正确!

思考与练习

一、填空题

1. _____(英文名称:pressure gauge)是指以弹性元件为敏感元件,测量并指示高于环境压力的仪表。

2. 压力表是显示承压设备系统_____大小的仪表,用来严密监视承压设备受压元件的_____情况,把_____控制在允许的压力范围之内,是实现承压设备安全运行的基本条件和基本要求。

3. _____在压力和真空作用下,产生_____变形引起管端位移,其位移通过机械传动机构(拉杆)进行_____,传递给指示装置,再由指针在刻有法定计量单位的分度盘上指出_____或_____。

4. 机械压力表中_____元件随着_____的变化而产生_____变形。

5. 机械压力表采用_____(波登管)、_____、膜盒及波纹管等敏感元件并按此分类。其所测的压力一般视为_____。一般相对点选为_____。

6. 压力的物理意义是:_____牛顿(N)的力_____作用在_____平方米(m^2)面积上所形成的_____。

7. 压力表上的压力有三种单位,分别为_____、_____及_____三种。工程上人们常说的多少公斤压力指的是_____。

8. $1kg/cm^2$ = _____ kPa = _____ MPa ,工程上人们近似地取 1MPa = _____ kg/cm^2。

9. 在汽车维修中,我们常见的压力表有_____、_____、_____。

10. 燃油压力表用于检测发动机运转时_____内的油压,可以判定_____或

工量具认知与使用

_____有无故障,_____是否有堵塞,_____是否有泄漏等。

11. _____是发动机做功行程混合气燃烧时,通过产生的气体压力推动_____上下运动做功。

12. 汽缸压力过_____会引起功率损失,导致发动机的动力性、经济性下降,汽车行驶无力,油耗增加,起动困难等。汽缸压力过_____会引起发动机工作粗暴、过热。

13. 用_____测量残余油压时应熄灭发动机,此时观察燃油压力表,燃油系统的残余油压应不低于147kPa,且稳定_____不下降,否则,系统_____,应进一步检查系统的压力(具体油压数据查所用车型的维修手册)。

14. 如汽缸压力的测定值_____规定值,而进气系统_____,可说明汽缸与活塞、缸盖存在_____,可能的原因为汽缸、活塞、气门、活塞环出现磨损、烧蚀等不良情况。如测定值_____规定值,而进排气系统_____,可能的原因为燃烧室严重正常_____。

15. 根据车门侧的胎压要求,确定胎压是否符合要求;如果胎压过_____,该轮胎压力表可用于_____;如果胎压过_____,应立即用车载充气泵补气至_____,并重新测量查核准确胎压。

二、判断题

1. 检查轮胎压力表同时需确认车辆是处于冷车状态。( )
2. 使用燃油压力表时,要规范操作,防止燃油压力表掉落在地。( )
3. 汽缸压力表是一种精密仪器,在传递、接收的过程中,应小心谨慎,轻拿轻放,正确操作,但可以损伤汽缸压力表。( )
4. 发动机汽缸压力应多次测量取其平均值,最后确定汽缸压力的实际状况。( )
5. 运转发动机之前,蓄电池电量充足,要求发动机的转速不得低于100r/min。( )
6. 汽缸压力表上的泄压阀用于释放表内压力,便于进行再次测量。( )
7. 起动机的连续运转时间不得超过5s,否则由于电流过载容易烧毁起动机。( )
8. 在测量轮胎气压时,可以存在漏气现象,测量值准确。( )
9. 在测量汽缸压力时,起动发动机并运转到正常工作温度,熄火并等发动机停止运转后,才能卸下全部火花塞。( )
10. 工程上人们常说的多少公斤压力指的是kg/cm^2。( )

三、识图题

1. 请写出压力表的结构组成序号的名称。

1._____;2._____;3._____;4._____。

2. 请写出下列弹性元件类型的名称。

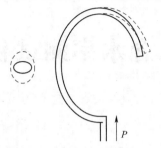

名称：_____

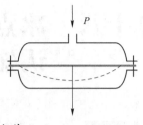

名称：_____

3. 请写出下列压力表的名称。

名称：_____

名称：_____

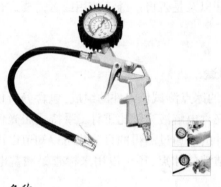

名称：_____

四、简答题

1. 压力表的用途是什么？在汽车维修中常见的压力表有哪些？

2. 请写出燃油压力表的使用方法。

3. 请写出轮胎压力表的使用方法。

4. 请写出燃油压力表的使用注意事项。

项目十八 冰点测试仪及含水率测试仪的认知与使用

学习目标

完成本项目学习后,你应能:
1. 说出冰点测试仪的用途、外形特征;
2. 说出冰点测试仪的使用方法及注意事项;
3. 说出含水率测试仪的用途、外形特征、使用方法及注意事项。

建议学时
2学时。

在汽车维修中要经常检测各种液体的密度、冰点、含水率等参数,如蓄电池电解液密度、发动机冷却液、风窗玻璃清洗液冰点及制动液含水率等参数,根据这些参数我们可以判断所测液体的使用性能是否良好以及是否可以继续使用或者需要进行更换。

一、冰点测试仪

(一)冰点测试仪的用途

如图18-1所示为常用的冰点测试仪组件的组成,包含分析仪、校准液、塑料吸管以及清洁布各一样。冰点测试仪又称电解液光学比重计、手持式屈光仪、冰点仪,是为了测量电池溶液及防冻液的浓度而设计的。通过测得的百分比可以知道以丙二醇和乙二醇为基的防冻液的冰点和汽车前玻璃清洁液的冰点,还可以用来检查铅酸蓄电池内电解液的相对密度及使用状态。

仪器成套:>>>>>>

仪器的组成部分:
    折光棱镜
    进光板
    基准校正螺丝
    橡胶套
    调节目镜(清晰度)
仪器装在专用盒内:
  附件有 1、说明书;2、螺丝刀;
    3、吸管;4、绒布;
    5、校准液。
保修期限:产品保修一年,终身维护。

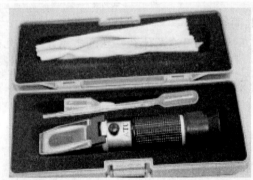

图18-1 冰点测试仪

冷却液,全称叫防冻冷却液,意为有防冻功能的冷却液。因此,除了具有冷却发动机的功能之外,防冻液还可以防止寒冷季节停车时冷却液结冰而胀裂散热器和冻坏发动机汽缸体。

如图 18-2 所示为发动机冷却液位置。冷却液由水、防冻剂、添加剂三部分组成,按防冻剂成分不同可分为酒精型、甘油型、乙二醇型等类型的冷却液。

图 18-2　冷却液

酒精型冷却液是用乙醇(俗称酒精)作防冻剂,价格便宜、流动性好、配制工艺简单,但沸点较低、易蒸发损失、冰点易升高、易燃等,现已逐渐被淘汰。

甘油型冷却液沸点高、挥发性小、不易着火、无毒、腐蚀性小,但降低冰点效果不佳、成本高、价格昂贵,用户难以接受,只有少数北欧国家仍在使用。

乙二醇型冷却液是用乙二醇作防冻剂,并添加少量抗泡沫、防腐蚀等综合添加剂配制而成。由于乙二醇易溶于水,可以任意配成各种冰点的冷却液,其最低冰点可达 –68℃,这种冷却液具有沸点高、泡沫倾向低、黏温性能好、防腐和防垢等特点,是一种较为理想的冷却液,目前国内外发动机所使用的和市场上所出售的冷却液几乎都是这种乙二醇型冷却液。

冷却液还具有冬季防冻、防腐蚀、防水垢、防"开锅"(沸腾)的功用。

(二)冰点测试仪的外形特征

如图 18-3 所示,常见冰点测试仪由棱镜、盖板、目镜、调节螺母、手轮、镜筒及手柄等组成。棱镜和盖板组成冰点测试仪的检测工作面,使用前后必须对该检测面进行清洁。在测试仪上有两个调节部件:一个为零点校准螺母,通过转动调节螺母,可以对冰点分析仪进行零点校准;另一个为调节手轮,旋转视镜上能旋转的手柄进行调焦,顺时针或者逆时针方向转动调焦手柄可以提高坐标及刻度的清晰度。

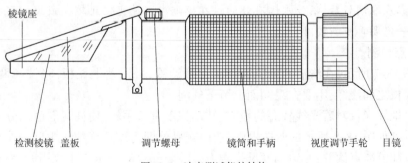

图 18-3　冰点测试仪的结构

(三)冰点测试仪的使用方法及注意事项

1. 冰点测试仪的使用方法

(1)冰点分析仪调零。

①如图 18-4 所示,在清洁的棱镜表面滴上两滴蒸馏水,盖上盖板,轻按一两下,让水滴在镜头和盖板之间浸润,不要在浸润面上留下气泡。左手把屈光仪对着光线较亮的地方,转动视度调节手轮,使视线的蓝白分界线清晰。

图 18-4　冰点测试仪操作示意图

②从图 18-5 所示的蓝白界面,使用螺丝刀插入仪器中部的零点校准螺母中,顺时针慢慢拧动,B 零刻度线及以上的蓝色区域会随着螺丝刀的转动而向零基准水线 A 靠拢。

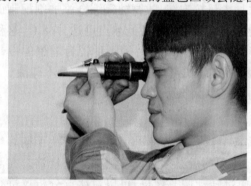 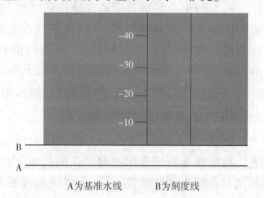

A 为基准水线　　B 为刻度线

图 18-5　冰点测试仪校准示意图

③如图 18-6 所示,当调整到 B 线和 A 线完全重合后,分析仪的零基准调整完毕。

注意:零基准调好后,不是永远有效的。在短期内温差变化比较大或者隔了很长一段时间再使用,一定要再重新校准一次。

(2)冰点检测。

①如图 18-7 所示,在清洁的棱镜表面滴上两滴冷却液,盖上盖板,轻按一两下,让水滴在镜头和盖板之间浸润,不要在浸润面上留下气泡。

②左手把屈光仪对着光线较亮的地方,转动视度调节手轮,使视线的蓝白分界线清晰。

可以看到如图 18-8 所示的蓝白界面,蓝白交界处即为冰点读数。中间两个刻度读数即为发动机冷却液冰点读数;左边刻度尺是测丙二醇防冻冷却液冰点读数用的;右边刻度尺是测乙二醇防冻冷却液冰点读数用的。

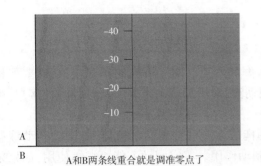

图 18-6　调零示意图

图 18-7　操作示意图

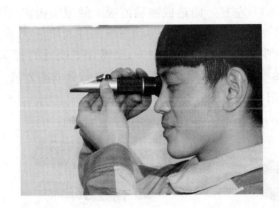

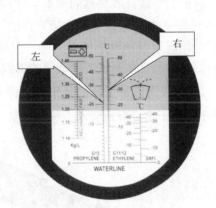

图 18-8　检测视图

如图 18-9 所示，右侧两刻度即为醇型风窗玻璃清洗液的冰点读数：左边的刻度尺用于测量甲醇玻璃水冰点读数，右边刻度尺用于测量乙醇玻璃水读数。用于对其他非标准玻璃水测量时读数无效。

注意：检测完成之后，务必将冰点测试仪清洁干燥并存放于清洁、干燥之处。

2. 冰点测试仪使用注意事项

冰点测试仪属于精密光学仪器，在使用和维护中应注意以下事项：

(1) 在使用中必须细心谨慎，严格按说明使用，不得任意松动仪器各连接部分，不得跌落、碰撞，严禁发生剧烈振动；

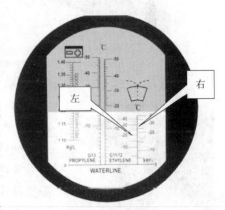

图 18-9　醇型风窗玻璃清洗液的冰点读数

(2) 使用完毕后，严禁直接放入水中清洗，应用干净软布擦拭，对于光学表面，不应碰伤、划伤；

(3) 仪器应放于干燥、无腐蚀气体的地方保管；

(4) 避免零备件丢失。

二、含水率测试仪

(一) 含水率测试仪的用途

含水率测试仪一般用于检测制动液的含水率和沸点。对于不同的车型车款,需要严格按照维护里程的更换周期提醒车主及时更换制动液,对于那些一定要"视情换油"的客户,则需要采用正确的方法鉴别制动液。

制动液并不是那种使用到一种程度就能用肉眼看到明显恶化的液体,陈旧的制动液有时候也会有制动效果,但有时候根本就不能起制动作用。鉴定制动液能否继续使用,如果采用传统的根据颜色、味道和手感来判别的方法,远远不能满足实际需要。正确的方法是:通过检测制动液的含水率和沸点,对制动液进行定性或定量分析。

新的制动液具有较高的沸点,一般在260℃左右。而造成制动液吸水的原因很多,例如炎热的天气、制动系统使用的频繁程度、制动系统的设计型式、制动系统部件的质量状况、车辆行驶路况以及制动液的类型等。只要被吸入的水分达到2.5%,就需要更换新的制动液了。因此检测含水率或者制动液的沸点,是确定制动液是否需要更换的比较有效的方法。

(二) 常用鉴定工具的外形特征及使用方法

(1) 用于定性分析含水率的制动液快速探测笔,如图 18-10 所示。

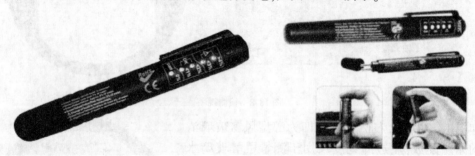

图 18-10　制动液快速探测笔

测试仪上有 5 个小灯,显示制动液的含水率(从下往上)。

第一个绿色:0%;第二个黄色:<1%;第三个黄色:<2%;第四个红色:<3%;第五个红色:>4%。

绿色灯说明制动液含水率低,制动液合格。

黄色灯说明制动液含水率一般,可以继续使用,6 个月以后需要再检测一次。

红色灯说明制动液含水率较高,制动液不能继续使用,需要及时更换,如图 18-11 所示。

若制动液含水率 >3%,即使使用不到两年也需要更换。

使用方法:

制动液快速探测笔上有 3 种 LED 灯,分别为绿色、黄色和红色。使用方法非常简单,只要在管内吸入制动液,根据笔上 LED 灯的显示情况,就可以快速定性判断制动液的含水率。绿色

图 18-11　制动液含水率的检测图

LED 灯亮说明制动液含水率低,制动液合格;黄色 LED 灯亮说明制动液含水率一般,可以继续使用,不过 6 个月以后需要再检测一次;红色 LED 灯亮说明制动液含水率较高,制动液不能继续使用,需要及时更换。

(2)用于定量分析含水率的制动液检测仪,如图 18-12 所示。

 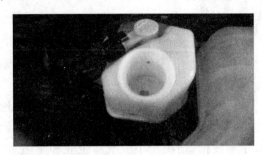

图 18-12　定量分析含水率的制动液检测仪

使用方法:

①擦干净探测头的外表面(图 18-13),将它置于干燥的空气中或完全插入新的制动液中。

②一直按下红色开关数秒后,按顺时针旋转微调旋钮,直至第 2 个绿色指示灯亮起,再逆时针旋转微旋钮,调到第 2 个绿色指示灯刚刚熄灭。完成上述步骤,就可以进行制动液的性能测试了。

③测量时,将探测头完全插入待测量的制动液中(图 18-14),一直按下红色按钮开关数秒后,根据工作指示灯判断制动液液体的状态。所有的绿色指示灯亮,表示制动液是正常的,含水率低于 0.5%;黄色的指示灯亮,则表示制动液不良,水分含量已经高于 0.5%,可选择更换;红色警示灯亮,并伴随着蜂鸣器响,则说明制动液严重变坏,含水率已经高于 2.5%,制动力严重下降,必须更换。

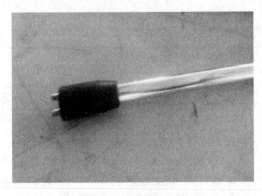 

图 18-13　清洁探测头　　　　　　　　图 18-14　制动液检测

④待测试完毕,应清理且归位探头与仪器。

(3)用于测试沸点的制动液安全检测仪,如图 18-15 所示。

使用方法:

制动液安全检测仪的使用方法并不复杂,只要将探头插入制动液储液罐中,接上电源并按下开关,制动液就会被加热到沸点,此时温度就会被精确的电子温度计记录下来,并显示在屏幕上。维修人员可以快速方便地判定制动液是否需要更换,或者是否在汽车制

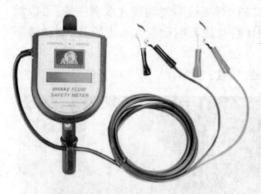

图18-15 测试沸点的制动液安全检测仪

造商规定制动液测试标准范围内。测试数据可以储存并能继续保留在显示屏上,以便展示给车主看。

(三)适用范围

对于上述3种测试制动液的工具,他们各有特色,价格差距很大,并且各自都有其适用范围。

(1)对于用于定性分析含水率的制动液快速探测笔来说,它的价格仅为100元左右,用于定性分析含水率而判断制动液的好坏,这种工具小巧便携,适用于小型维修企业和车主。

(2)对于用于定量分析含水率的制动液检测仪来说,它的价格在400元左右。它可以测出含水率,但却不能测量沸点。这种工具适用于各种维修企业、快修店和换油中心。

(3)对于用于测试沸点的制动液安全检测仪来说,它的价格在3000~4000元,国内市场上的制动液安全检测仪一般为进口产品。它可以测量沸点,能够定量准确分析制动液的质量状况。适用于大型修理厂、检测站或实验室。

(四)使用注意事项

使用中需要注意的是,因制动液的品质或类型不同,例如针对DOT5、DOT4或DOT3不同类型制动液的检测,每次测试都需要调节制动液检测器。也就是按照上述用于定量分析含水率的制动液检测仪的使用方法中①、②完成测试的准备工作。另外,当仪器电池电量不足时,仪器的4个指示灯会同时闪烁,并伴有蜂鸣器的响声,这种情况下需要更换电池,也可以直接用汽车蓄电池代替。

思考与练习

一、填空题

1. 在汽车维修中要经常检测各种液体的_____、_____、_____等参数,如蓄电池电解液_____,发动机冷却液和风窗玻璃清洗液_____及制动液_____等参数。

2. 冷却液,全称叫防冻冷却液,意为有_____功能的冷却液。因此,除了具有_____的功能之外,防冻液还可以防止寒冷季节停车时冷却液结冰而_____散热器和_____发动机汽缸体。

3. 冷却液由_____、_____、_____三部分组成,按防冻剂成分不同可分为_____、_____、_____等类型的冷却液。

4. 酒精型冷却液是用_____(俗称酒精)作防冻剂,价格便宜,流动性好,配制工艺简单,但_____、_____、_____等,现已逐渐被淘汰。

5. _____冷却液沸点高、挥发性小、不易着火、无毒、腐蚀性小,但降低冰点效果_____、_____、_____,用户难以接受,只有少数北欧国家仍在使用。

6. 乙二醇型冷却液是用_____作防冻剂,并添加少量_____、_____等综合添加剂配制而成。由于乙二醇易溶于_____,可以任意配成各种冰点的冷却液,其最低冰点可达_____℃,这种冷却液具有沸点高、泡沫倾向低、黏温性能好、_____和_____等特点,是一种较为理想的冷却液。

7. 常用的冰点分析仪的组成包含_____、_____、_____以及_____各一样。

8. _____又称电解液光学比重计、手持式屈光仪、冰点仪,是为了测量电池溶液及防冻液的_____而设计的。通过测得的百分比可以知道以丙二醇和乙二醇为基的防冻液的_____和汽车前玻璃清洁液的冰点,还可以用来检查铅酸蓄电池内电解液的_____及使用状态。

9. 常见冰点测试仪由_____、_____、_____、_____及_____、及_____等组成。

10. 含水率测试仪一般用于检测制动液的_____和_____。

二、判断题

1. 符合国家标准的冷却液,沸点通常都是超过105℃,比起水的沸点100℃,冷却液能耐受更高的温度而不沸腾(开锅),在一定程度上满足了高负荷发动机的散热冷却需要。
(　　)

2. 冰点分析仪的零点校正时,在清洁的棱镜表面滴上两滴蒸馏水,盖上盖板,轻按一两下,让水滴在镜头和盖板之间浸润,可以在浸润面上留下气泡。(　　)

3. 分析仪的零基准调整调好后,是永远有效的。(　　)

4. 在使用冰点分析仪中必须细心谨慎,严格按说明使用,不得任意松动仪器各连接部分,不得跌落、碰撞,严禁发生剧烈振动。(　　)

5. 制动液的品质或类型虽然不同,例如针对DOT5、DOT4或DOT3不同类型制动液的检测,每次测试都不需要调节制动液检测器。(　　)

三、识图题

1. 请写出下列冰点测试仪结构所对应的序号名称。

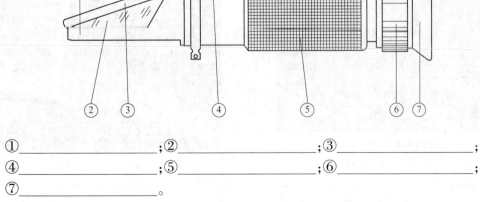

①_____;②_____;③_____;
④_____;⑤_____;⑥_____;
⑦_____。

2. 请写出下列图形所对应的名称。

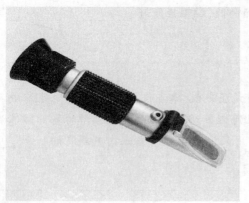

名称：_____　　　名称：_____

 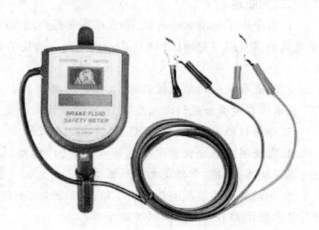

名称：_____　　　名称：_____

3. 请写出下列图形所对应的操作步骤名称。

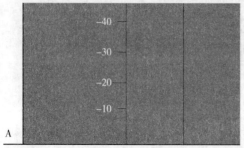

A和B两条线重合就是调准零点了

名称：_____　　　名称：_____

项目十八　冰点测试仪及含水率测试仪的认知与使用

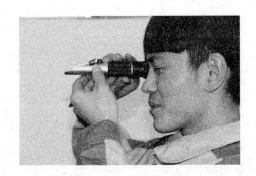

名称：_____　　　名称：_____

四、简答题

1. 冰点测试仪的用途及仪器包含的组件有哪些？

2. 冰点测试仪的使用方法是什么？

3. 冰点测试仪的使用注意事项有哪些？

4. 含水率测试仪的类型有哪些？

参 考 文 献

[1] 王立志. 汽车维修常用工量具使用[M]. 北京:人民交通出版社,2010.
[2] 张士江. 常用工量具使用[M]. 北京:高等教育出版社,2015.
[3] 李彦. 汽车构造与维修[M]. 北京:化学工业出版社,2010.
[4] 刘毅. 汽车维修技术基础[M]. 北京:人民交通出版社,2011.
[5] 李林. 汽车维修基础快速入门90天[M]. 北京:机械工业出版社,2015.
[6] 蒋瑞斌. 汽车发动机构造与维修(第4版)[M]. 北京:电子工业出版社,2016.
[7] 祖国海. 汽车底盘构造与维修[M]. 北京:中国劳动社会保障出版社,2015.
[8] 王怀玲. 汽车电器设备构造与维修[M]. 西安:西北工业大学出版社,2010.